ESPACIO JOVEN 360

Libro de ejercicios

Equipo ESPACIO

Nivel

© Equipo ESPACIO:
María Carmen Cabeza Sánchez, Francisca Fernández Vargas,
Luisa Galán Martínez, Amelia Guerrero Aragón,
Emilio José Marín Mora, Liliana Pereyra Brizuela,
Francisco Fidel Riva Fernández y equipo Nuevo Prisma.
Coordinación: David Isa de los Santos

Depósito legal: M-4117-2018
ISBN - Libro de ejercicios: 978-84-9848-940-8

Impreso en España
Printed in Spain

Coordinación editorial:
David Isa

Diseño de cubierta:
Carlos Casado

Diseño y maquetación:
Sara Serrano

Fotografías:
Archivo Edinumen, *www.shutterstock.com*
p. 52 (*Centro comercial*, Radu Bercan; *Mercado*, Keth Lens),
p. 65 (*Ikea*, FotograFFF; *Flamenco*, Krzyzak).

Impresión:
Gráficas Glodami. Madrid

Editorial Edinumen
José Celestino Mutis, 4. 28028 Madrid. España
Teléfono: (34) 91 308 51 42
Fax: (34) 91 319 93 09
e-mail: edinumen@edinumen.es
www.edinumen.es

EXTENSIÓN DIGITAL en ELEteca

Un espacio en constante actualización

- Las **audiciones** de este libro se encuentran disponibles y descargables en nuestra plataforma educativa.
- Para acceder a este espacio, entra en la **ELEteca** (https://eleteca.edinumen.es), activa el código que tienes a continuación y sigue las instrucciones.

CÓDIGO DE ACCESO

FLr74KP48Y

Para más información, consultar los términos de uso de la ELEteca.

ÍNDICE

UNIDAD 0 PÁG. 4

UNIDAD 1 PÁG. 6

UNIDAD 2 PÁG. 16

UNIDAD 3 PÁG. 25

UNIDAD 4 PÁG. 39

UNIDAD 5 PÁG. 50

UNIDAD 6 PÁG. 60

0.1. **Lee el siguiente texto y complétalo con los verbos del recuadro.**

hacer ▪ estudiar ▪ tener ▪ acostarse ▪ quedar ▪ ver ▪ levantarse ▪ empezar ▪ escuchar ▪ escribir ▪ comer

Julia es una chica muy simpática. Durante la semana **a** .... temprano porque las clases **b** .... a las ocho y media. Julia **c** .... mucho. Los lunes, martes y viernes **d** .... clases de Inglés, su asignatura favorita.

e .... a las tres y media, y, por la tarde, **f** .... los deberes, **g** .... música y **h** .... en su diario. Los fines de semana **i** .... con sus amigos y juntos **j** .... una película en el cine. **k** .... tarde porque lee antes de dormir.

0.2. **Responde a las preguntas.**

a ¿A qué hora empieza Julia el instituto?
....

b ¿Cuál es su asignatura preferida?
....

c ¿A qué hora come Julia?
....

d ¿Cuándo hace los deberes?
....

e ¿Qué hace los fines de semana?
....

f ¿Qué hace antes de ir a dormir?
....

0.3. **Completa las frases conjugando los verbos entre paréntesis.**

a Los domingos mi familia y yo .... (comer) a las tres.

b ¿Tú qué .... (desayunar)?

c El instituto .... (abrir) a las 8:30h.

d Todas las tardes .... (chatear, yo) con mis amigos.

e Mi madre .... (vestirse) muy formal.

f Mis primos, Joaquín y Cecilia, ... (vivir) en Barcelona.

g En verano siempre .... (escribir, yo) postales a mis amigos.

h ¿.................... (Querer, tú) un refresco?

i ¿A qué hora .... (entrar, vosotros) en el instituto?

j Mi sobrina .... (dormir) dos horas todas las tardes.

k .... (Entender, ellas) y .... (hablar) español muy bien.

ASÍ SOMOS

1 **0.4.** **Escucha a David y elige la opción correcta.**

1 ¿Cuántos años tiene David?	**a** 15 años.	**b** 14 años.	**c** 16 años.
2 ¿Dónde vive?	**a** En Madrid.	**b** En Sevilla.	**c** En París.
3 ¿Quién es Eva?	**a** Su compañera.	**b** Su amiga.	**c** Su profesora.
4 ¿Cuál es su cantante favorito?	**a** Enrique Iglesias.	**b** Fran Iglesias.	**c** Enrique Mesa.

5 ¿Cuál es su comida favorita? a La paella. b La verdura. c La hamburguesa.
6 ¿Qué tiene en la estantería? a Libros de cocina. b Libros de música. c Libros divertidos.
7 ¿Qué piensa que es divertido? a Cocinar. b Cantar. c Leer libros.

0.5. **Completa las frases conjugando los verbos *ser*, *tener* y *llevar*.**

a Ana .... muy guapa. .... los ojos azules y es muy morena.
b Raúl .... muy simpático. .... siempre un pantalón azul.
c María .... catorce años.
d Juan y Silvia .... gafas.
e Beatriz y Daniel .... muy tímidos.
f Yo .... muy abierta.
g Sara siempre .... ropa deportiva.

EL FIN DE SEMANA

0.6. **Completa el texto con las palabras necesarias del recuadro. Sobran cuatro palabras.**

despacho ▪ comedor ▪ teléfono ▪ balcón ▪ baño ▪ mueble
escritorio ▪ ordenador ▪ garaje ▪ recibidor

El próximo fin de semana voy a casa de mi amiga Eva. Su casa es grande y está en un lugar muy tranquilo. Cuando entro hay un **a** .... pequeño con un armario. La casa tiene tres habitaciones; una de las habitaciones es un **b** .... donde hay una estantería con muchos libros y una mesa para el **c** .... También hay un pasillo. A la izquierda del pasillo está la cocina y a la derecha hay un baño. El salón **d** .... es amplio y luminoso porque hay una ventana grande. Hay un sofá blanco y grande y una mesa con cuatro sillas alrededor.

Enfrente del sofá hay un **e** .... para la televisión y un equipo de música. Lo que más me gusta es el **f** ...., tiene plantas, flores y una bicicleta y, además, desde aquí veo toda la ciudad.

0.7. **Selecciona verdadero (V) o falso (F).**

a Ⓥ Ⓕ En la casa de Eva hay tres habitaciones.
b Ⓥ Ⓕ Hay un recibidor y un pasillo.
c Ⓥ Ⓕ La cocina está a la derecha del pasillo.
d Ⓥ Ⓕ El sofá es azul y pequeño.
e Ⓥ Ⓕ Los libros están en la estantería del salón.
f Ⓥ Ⓕ Desde el balcón puedo ver la ciudad.

¡ME ENCANTA! ¿Y A TI?

0.8. **Completa el texto.**

Esteban, Carmen y Marco son amigos y van juntos al instituto. A los tres **a** .... (encantar) salir los fines de semana, pero no **b** .... (gustar) las mismas cosas. A Esteban, en su tiempo libre, **c** .... (gustar) muchísimo bailar. También **d** .... (encantar) los bocadillos, sobre todo los de tortilla de patatas. A Carmen **e** .... (gustar) más las tapas y **f** .... (gustar) ir al cine los domingos por la tarde. Marco es del Barça y **g** .... (encantar) jugar al fútbol. Su comida favorita es la pizza. A los tres **h** .... (gustar) bastante estudiar. A Carmen no **i** .... (gustar) el Inglés, en cambio a Esteban **j** .... (encantar). Carmen prefiere estudiar Ciencias, y a Marco **k** .... (gustar) mucho la Historia.

Describir un objeto

1.1. **Relaciona las preguntas de la columna 1 con las descripciones de la columna 2 y con las imágenes de la columna 3.**

Columna 1	Columna 2	Columna 3
1 ¿Cómo es?	a Es muy ligero y se usa para escribir en el ordenador.	1
2 ¿Para qué sirve?	b Es rectangular, ligera y blanda.	2
3 ¿Cómo es? ¿De qué es?	c Sirve para guardar cosas de clase, como bolígrafos y lápices. Puede ser de muchos materiales y normalmente es rectangular y ligero.	3
4 ¿Para qué se usa? ¿De qué es?	d Es pequeño, redondo y de plástico.	4
5 ¿Cómo es? ¿Para qué sirve?	e Se utiliza para poner flores y decorar y puede ser de muchos materiales y colores, como cristal o cerámica.	5
6 ¿Para qué se usa? ¿De qué es? ¿Cómo es?	f Sirve para escribir.	6

1.2. **Busca el contrario de los siguientes adjetivos.**

a cómodo/a ➔ ....
b barato/a ➔ ....
c ligero/a ➔ ....
d ruidoso/a ➔ ....
e blando/a ➔ ....
f clásico/a ➔ ....
g viejo/a ➔ ....
h resistente ➔ ....
i pequeño/a ➔ ....
j bonito/a ➔ ....

1.3. **¡Fuga de letras! Escribe las letras que faltan en las palabras.**

a Objeto que usamos para escribir. ➔ .... b _ l í _ r a _ o
b Día del año en el que celebramos nuestro nacimiento. ➔ ..... c _ _ p _ _ a _ o s
c Objeto que damos a amigos y familiares en días importantes. ➔ .... r _ g _ l _

d Pequeño trozo rectangular de papel que sirve para felicitar. ➔ .... t _ _ j _ t _

e Objeto redondo de piel o plástico que se usa para jugar al fútbol. ➔ .... _ a _ _ n

f Objeto, generalmente de plástico, duro, rectangular y largo, que sirve para medir y dibujar líneas rectas. ➔ .... r _ g _ a

g Los libros, cuadernos y otras cosas de clase las llevo en la... ➔ .... m _ c h _ l _

h Si quiero comprar cosas, necesito... ➔ .... d _ n _ _ o

i Son pequeñas porciones de... ➔ .... c h _ _ _ l _ t _

j Los bolígrafos los guardamos en el... ➔ .... e _ t _ _ _ e

k Sirve para calcular cifras. ➔ .... _ a l _ u l _ d _ r _

Comparar cualidades de objetos o personas

1.4. **Fíjate en las imágenes, describe lo que ves y después completa las frases.**

1 silla A 200 €

silla B 20 €

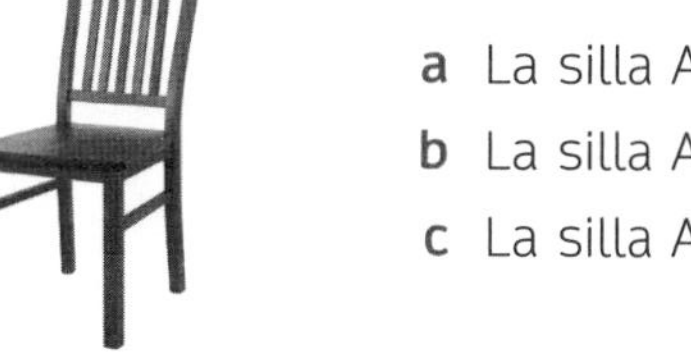

a La silla A es .... antigua que la silla B.
b La silla A es .... cara que la silla B.
c La silla A es .... barata que la silla B.

2 sofá A

sofá B

a El sofá A es .... cómodo que el sofá B.
b El sofá B es .... (grande) que el sofá A.
c El sofá B es .... viejo como el sofá A.

3 El profesor Antonio 1,75 cm

El profesor don Carlos 1,65 cm

a El profesor Antonio es .... simpático que el profesor don Carlos.
b El profesor don Carlos no es .... joven como el profesor Antonio.
c El profesor Antonio es .... alto que el profesor don Carlos.

1.5. **Escribe frases como en el ejemplo.**

Ejemplo: (+) avión / grande / coche ➔ *El avión es más grande que el coche.*

a (+) televisión / entretenido / radio ....
b (-) goma / blanda / pan ....
c (=) sofá / cómodo / sillón ....
d (-) poesía / divertida / novela ....
e (-) camiseta / suave / blusa ....
f (+) gafas / caras / gorra ....
g (=) libro / nuevo / reloj ....
h (+) verduras / buenas / dulces ....
i (+) Juan / joven / Luis ....
j (+) Mp3 / malo / Mp4 ....

VOCABULARIO

Objetos de casa y de la clase

1.6. **Relaciona los dibujos con la palabra correspondiente.**

cama ■ armario ■ mesas ■ cámara ■ sillas ■ póster ■ espejo ■ cuadro ■ carpeta ■ ventana

a 
....

b 
....

c 
....

d 
....

e 
....

f 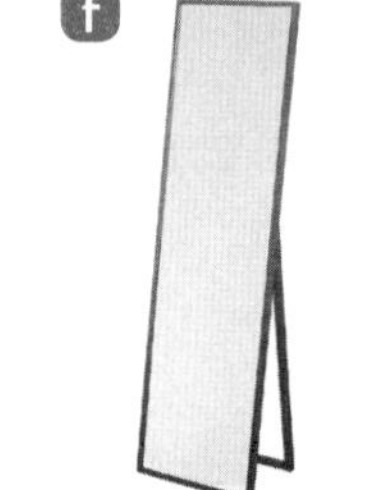
....

g 
....

h 
....

i 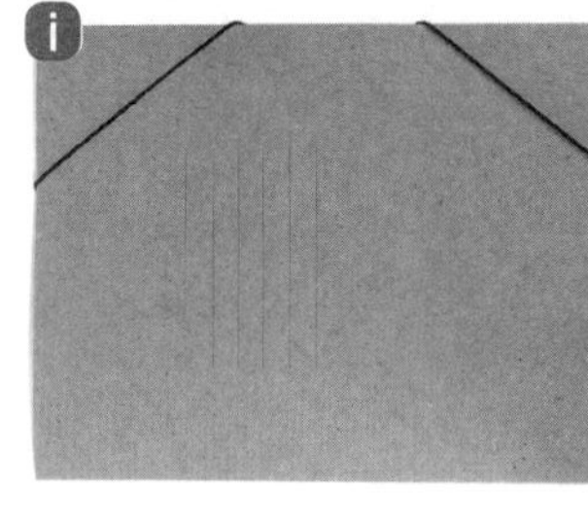
....

j 
....

1.7. **Clasifica los objetos en las siguientes categorías. Puedes consultar el diccionario si lo necesitas.**

plantas ■ ordenador ■ cuadro ■ mp4 ■ sacapuntas ■ cortinas ■ cepillo de dientes
alfombra ■ jarrón ■ estuche ■ goma ■ bolígrafo ■ carpeta ■ impresora ■ cuaderno
tijeras ■ libro ■ pinturas ■ lápiz ■ almohada ■ mochila ■ portátil ■ radio ■ teléfono
monitor ■ cubiertos ■ televisión ■ teclado ■ colcha ■ ratón ■ videoconsola ■ rotulador

Cosas de casa	Cosas de clase	Aparatos y accesorios

Los números del 100 al 900

1.8. **Escribe en letras los siguientes números.**

125: ....
501: ....
600: ....
456: ....
100: ....
309: ....
667: ....
778: ....
976: ....
767: ....
441: ....
999: ....

GRAMÁTICA

Los pronombres demostrativos

1.9. **Este personaje es nuevo en la Tierra. Mira su dedo y completa con los demostrativos.**

a .... es mi casa.

b .... son los pantalones que necesito para jugar al baloncesto.

c .... es mi perro.

d .... es mi madre, ¡qué guapa!

e .... es mi nave.

1.10. **Elige el pronombre demostrativo correcto.**

a Aquel edificio es más alto que **este** / **aquello** / **esa**.
b Estos chicos son más ruidosos que **aquellas** / **esas** / **aquellos**.
c Esta profesora es más seria que **esos** / **aquella** / **aquel**.
d Estos libros son más interesantes que **esas** / **esos** / **aquel**.
e Esos médicos son más trabajadores que **estos** / **aquel** / **estas**.
f Estas chicas son más delgadas que **aquellos** / **aquel** / **esas**.

Los pronombres de objeto directo

1.11. **Guillermo le enseña a su primo Eduardo su nueva habitación. Completa el texto con los pronombres demostrativos y los pronombres objeto directo.**

a ◗ **1** .... (aquí) es tu habitación. **2** .... (aquí) armario es para tu ropa, esta cama es bastante cómoda pero **3** .... puedes cambiar por otra más grande, si quieres. **4** .... (ahí) escritorio es nuevo y **5** .... puedes colocar más cerca de **6** .... (allí) ventana. Pero no **7** .... coloques muy cerca de la puerta de la terraza porque **8** .... abrimos mucho para guardar cosas.

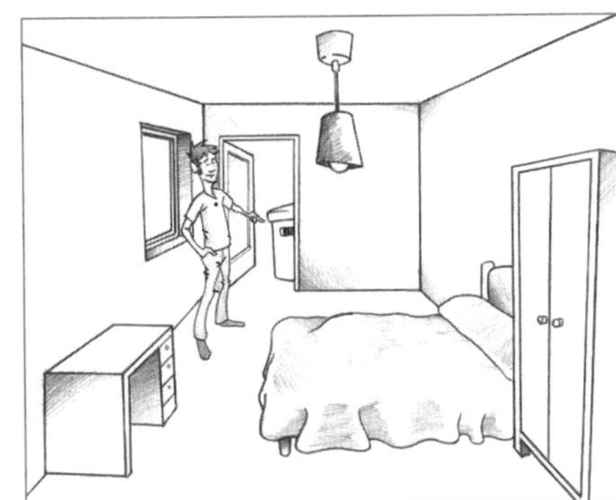

b ◗ ¿Guardáis cosas en **9** .... (allí) terraza?

◗ Sí, ¿ves **10** .... (aquí) caja grande de plástico? Pues **11** .... usamos para meter las cosas que no utilizamos todos los días.

◗ ¿Puedo guardar mis zapatos en **12** .... (aquí) caja?

◗ No, los zapatos **13** .... guardamos en un mueble especial que tenemos en el pasillo.

c **14** .... (aquí) armario no es muy grande, pero los abrigos **15** .... puedes guardar en el armario de la entrada.

d ◗ Tengo muchos libros y no veo estanterías.

◗ Tranquilo, este mes te las colocamos en **16** .... (ahí) pared encima del escritorio, así **17** .... puedes coger fácilmente.

◗ Qué bien, porque tengo muchos libros y cuadernos para el curso y no sé dónde **18** .... voy a guardar.

1.12. **Completa estas frases con los pronombres de objeto directo (*lo/la/los/las*).**

a Las gafas ......las...... puedes comprar en una óptica.
b El periódico .... podemos comprar en un quiosco.
c Las ventanas .... cerramos por la noche.
d La aspiradora .... pasamos una vez a la semana.
e Los bolígrafos y las pinturas .... guardamos en el estuche.
f El cepillo de dientes .... llevamos al baño.
g Los libros .... metemos en la mochila.
h La planta .... puedes comprar en una floristería.

1.13. **El pronombre de objeto directo puede referirse a cosas y a personas e ideas. Completa las frases con *lo/la/los/las*.**

a ◗ ¿Conoces a Laura?
◗ Sí, ...la.... conozco. ¡Es muy simpática!

b ◗ ¡En esta foto tienes el pelo muy largo!
◗ Sí, ahora .... tengo más corto.

c ◗ ¿Tienes el vaso vacío?
◗ No, ... tengo lleno todavía.

d ◗ ¿Sabes los resultados del examen?
◗ ¡No! ¡Todavía no .... sé!

e ◗ ¿Me das las fotos de tu fiesta?
◗ ¡Claro! Te .... doy ahora mismo.

f ◗ Este perro es para ti.
◗ Gracias pero no .... quiero, ¡mi padre no quiere animales en casa!

g ◗ Esta carta es para ti.
◗ ¡Qué emoción! ¿.......... abres tú?

h ◗ ¿Ves a la chica con el pelo negro y los ojos azules?
◗ Sí, ... veo, ¿quién es? No .... conozco, ¿es una estudiante nueva?

i ◗ Eres un buen estudiante, haces siempre los deberes y siempre eres puntual. Te pongo un 10 en las notas.
◗ ¿De verdad .... cree?

j ◗ ¿Tienes mi camisa verde y mi falda gris?
◗ Sí, sí, ... tengo. Mañana .... traigo y te .... devuelvo.

k ◗ Necesitamos dos ordenadores portátiles para mañana.
◗ Yo .... tengo. Mi madre tiene uno y mi hermana tiene otro. ¡Seguro que .... puedo traer a clase!

1.14. **Forma frases utilizando el pronombre de objeto directo de la columna del centro.**

1 Las flores •		• **a** pongo para conservarlas.
2 El agua •		• **b** leo después de comer.
3 El cómic •	• lo •	• **c** enseño a mi profesora.
4 Los deberes •	• la •	• **d** compro para el salón.
5 El regalo •	• los •	• **e** hago todos los días.
6 La habitación •	• las •	• **f** compro para mis amigos.
7 A mis padres •		• **g** compro en esa tienda.
8 A mi abuela •		• **h** limpio un día a la semana.
		• **i** llamo todos los domingos.

1.15. **Escribe de nuevo las frases sustituyendo las palabras destacadas por el pronombre de objeto directo correspondiente.**

a Ahora hago **los deberes**.

....

b Mis amigos y yo mañana vemos **dos películas**.

....

c Alicia compra **un vestido verde** para su hermana.

....

d Álex y Pedro toman **café** todos los días.

....

e Sara no encuentra **sus gafas**.

....

f ¿Tienes **el último libro de Vargas Llosa**?

....

g Mañana no hago **los exámenes** porque estoy enfermo.

....

h María cierra **su tienda** a las nueve.

....

1.16. **Sustituye en las frases el objeto directo por su pronombre de objeto directo correspondiente.**

a Sonia está escribiendo correos a sus amigos.

....

b ¿Puedes pedir el número de móvil a tu nueva compañera?

....

c Guille presenta su nueva novia a sus padres.

....

d Víctor rompe el ordenador a su hermano.

....

1.17. **Cambia las frases utilizando el pronombre de objeto directo correspondiente.**

a No dices la verdad.

....

b Fernando compra los regalos a sus padres.

....

c Mañana entrego el trabajo de Arte.

....

d Siempre escribo una poesía para mis amigos.

....

e Compro un collar nuevo a mi perro.

....

f Siempre dan un beso a sus abuelos.

....

g Adrián pide dinero a su padre para ir al cine.

....

h Raúl y Mónica han regalado unas zapatillas.

....

1.18. **Completa con el pronombre de objeto directo correspondiente.**

– ¿Y qué haces tú con las estrellas?

– **a** .... administro, **b** .... cuento y **c** .... recuento —dijo el hombre de negocios—. Es difícil, ¡pero yo soy un hombre serio!

El principito no estaba satisfecho.

– Yo, si poseo un pañuelo, **d** .... puedo poner alrededor de mi cuello y me **e** .... llevo. Yo, si poseo una flor, **f** .... puedo cortar y me **g** .... puedo llevar. ¡Pero tú no puedes cortar las estrellas!

(Adaptado de *El Principito*. Antoine de Saint-Exupéry)

PRONUNCIACIÓN Y ORTOGRAFÍA

Las sílabas y el acento prosódico

1.19. **Clasifica estas palabras en el cuadro correspondiente.**

sí ▪ perro ▪ calculadora ▪ sol ▪ casa ▪ lápiz ▪ instituto ▪ calle ▪ el ▪ planta
portátil ▪ sal ▪ ordenador ▪ té ▪ jarrón ▪ aspiradora ▪ tú

Una sílaba	Dos sílabas	Tres sílabas o más

2 **1.20.** **Divide en sílabas las siguientes palabras. Luego, escucha y rodea la sílaba más fuerte.**

a sol ➔ ....
b pierna ➔ ....
c sillón ➔ ....
d pelota ➔ ....
e pluma ➔ ....
f carbón ➔ ....
g manzana ➔ ....
h pollo ➔ ....
i grande ➔ ....

CULTURA

¡Muchas felicidades!

1.21. **Responde a las siguientes preguntas.**

En España...

a ¿Qué es el santo? ....
b ¿Cuándo viene el ratoncito Pérez? ....
c ¿Cómo se celebran los cumpleaños? ....
d ¿Qué se celebra el día de San Valentín? ....

1.22. **Completa este correo con las palabras necesarias.**

Río de Janeiro ▪ Santa Cruz de Tenerife ▪ Oruro ▪ oeste ▪ las islas Canarias ▪ Barranquilla

Mensaje nuevo

"¡Hola! Hoy visito el carnaval de **a** ...., en Bolivia. ¿Sabes que Bolivia está al **b** .... de América del Sur, cerca del océano Pacífico? Este carnaval es muy conocido. Otros carnavales importantes de Sudamérica son el de **c** .... y el de **d** .... Podemos verlos otro año.

¿Y sabes qué? En febrero voy a viajar a **e** ...., en España, para ver el segundo carnaval más grande del mundo: el de **f** .... ¡Hasta pronto!".

Comprensión de lectura

1.23. **Lee el texto y luego di si las afirmaciones son verdaderas (V) o falsas (F).**

Ahora les voy a contar cómo es mi clase. En mi mesa tengo muchas cosas. Tengo un cuaderno y una libreta. La diferencia es que el cuaderno es más grande que la libreta. También hay una calculadora. Puedo calcular también con mi móvil, pero para mí la calculadora es mejor. Esos lápices que están encima del portátil son los que utilizo en mi clase de Matemáticas. Para el resto de las asignaturas uso ese boli que está al lado del ratón. Aquellos libros que están en la estantería son de Historia. Y aquel póster que está al lado de la ventana es un mapa de Estados Unidos. En esta clase estudio todos los días.

- **a** Ⓥ Ⓕ Su mesa siempre está vacía.
- **b** Ⓥ Ⓕ La libreta es más pequeña que el cuaderno.
- **c** Ⓥ Ⓕ Puede usar la calculadora en clase de Matemáticas.
- **d** Ⓥ Ⓕ Para calcular, usa más el móvil que la calculadora.
- **e** Ⓥ Ⓕ Usa los lápices que están encima del ordenador para su clase de Matemáticas.
- **f** Ⓥ Ⓕ Los libros de Matemáticas están en la estantería.
- **g** Ⓥ Ⓕ La estantería está al lado de la ventana.
- **h** Ⓥ Ⓕ Esta persona está describiendo su clase.

Comprensión auditiva

3 **1.24.** **Escucha a estas personas y toma notas.**

....

....

....

....

....

3 **1.25.** **Escucha otra vez y relaciona cada intervención con la persona correspondiente. Justifica tu respuesta.**

Esteban, 71 años. ....

Lidia, 14 años. ....

Judith, 26 años. ....

Alonso, 35 años. ....

1.26. **Completa estas frases sobre la actividad anterior haciendo comparaciones.**

a Lidia piensa que el teléfono fijo es .... económico que el móvil.
b Esteban piensa que las fotos digitales son .... bonitas.
c Judith piensa que los emoticonos son .... divertidos que las palabras.
d Alonso piensa que internet es la .... forma de estar en contacto.

Expresión e interacción escritas

1.27. **Un extraterrestre ha llegado a la Tierra y necesita información sobre algunos objetos. Explícale cómo son y para qué sirven usando la información del recuadro.**

escuchar música ▪ usar aplicaciones ▪ chatear en las redes sociales
navegar por internet/la Red ▪ leer y escribir mensajes ▪ hacer fotos

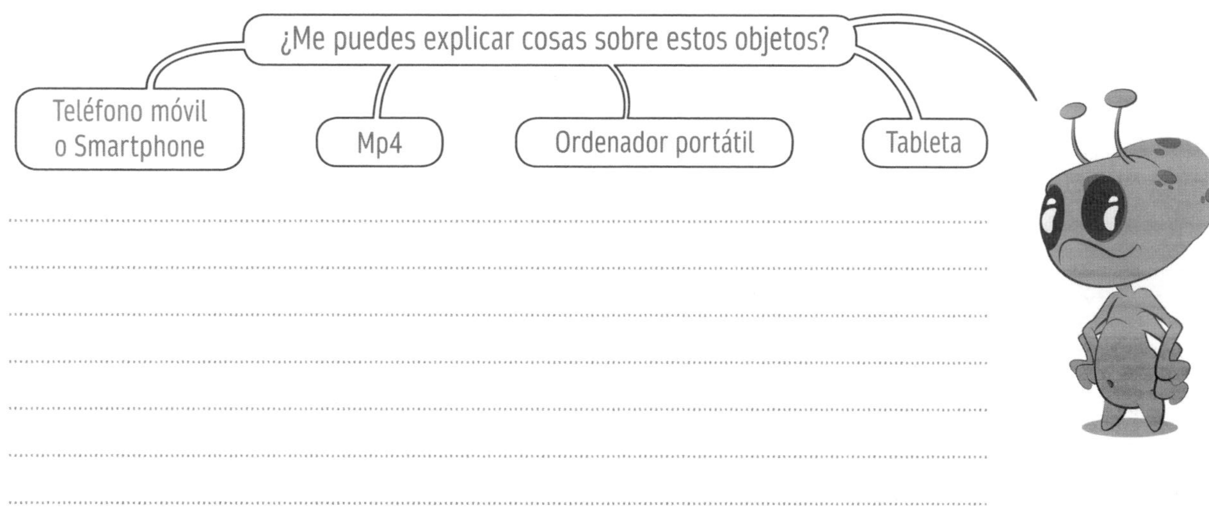

....
....
....
....
....
....
....

Expresión e interacción orales

1.28. **Compara los objetos y las personas de las imágenes. Luego compara tus resultados con los de tus compañeros.**

¿QUÉ TIEMPO VA A HACER?

COMUNICACIÓN

Hablar del tiempo atmosférico

2.1. ***¿Hay, está* o *hace*? Completa con el verbo adecuado.**

a .... tormenta.		f .... buen tiempo.	
b .... nublado.		g .... viento.	
c .... nieve.		h .... nubes.	
d .... calor.		i .... sol.	
e .... soleado.		j .... frío.	

2.2. ¿Qué tiempo hace? Escribe debajo de cada foto las expresiones para hablar del tiempo atmosférico.

hace frío ▪ nieva ▪ hace calor ▪ está nublado ▪ hace viento ▪ hay tormenta ▪ llueve ▪ hay niebla

a 
....

b 
....

c 
....

d 
....

e 
....

f 
....

g 
....

h 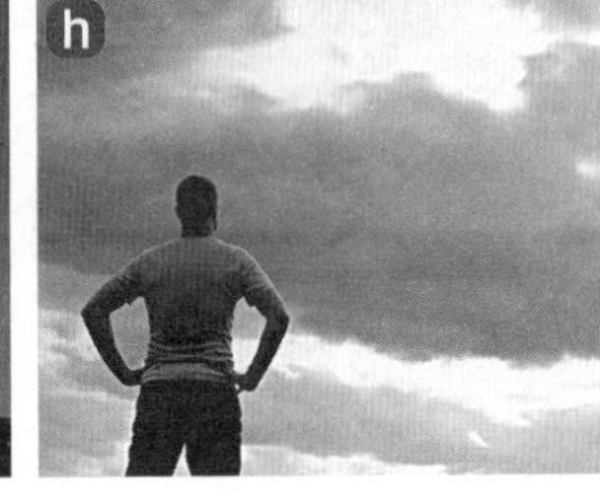
....

2.3. Forma frases relacionando los verbos con las palabras de la otra columna.

	• **a** frío.
1 Está •	• **b** niebla.
	• **c** tormenta.
2 Hace •	• **d** viento.
	• **e** calor.
3 Hay •	• **f** aire.
	• **g** nublado.

2.4. **Lee el siguiente texto que habla de la meteorología y completa los espacios con las expresiones que conoces.**

Hoy **a** .... en el norte, así que no olvide el paraguas, en el noroeste **b** .... niebla, mientras que en el sur las temperaturas son muy altas y la gente está en la playa porque **c** .... mucho calor. En el oeste de la Península **d** .... mucho viento y las autoridades recomiendan no salir porque el viento es de 100 km/h. En el este **e** .... nublado pero no llueve. En las montañas **f** .... y es un buen momento para esquiar.

Hablar del tiempo que hace

2.5. **Completa los siguientes diálogos con la expresión más adecuada.**

¡Qué frío hace! ▪ ¡Qué calor hace! ▪ ¡Qué frío tengo! ▪ ¡Qué calor tengo! ¿Tienes calor? ▪ ¿Qué tiempo hace?

a ◗ ....
◗ ¿Por qué no te bañas? Así te refrescas un poco.

b ◗ ....
◗ Muy bueno, no hay nubes y la temperatura es muy agradable.

c ◗ .... ¿Abro un poco la ventana?
◗ No, gracias. Estoy bien así.

d ◗ .... Voy a coger el abrigo.
◗ ¡Qué exagerado! Yo no tengo nada de frío.

e ◗ ¡Uf! ...., ¿verdad?
◗ Sí, mucho. ¿Vamos a tomar un helado?

f ◗ .... ¿Puedo encender la calefacción?
◗ Sí, por favor. Estoy helado.

2.6. **Completa las siguientes frases.**

a ¿.................... calor en esta ciudad?
b ¿Y mi jersey? ¡Qué frío ....!
c En verano a veces .... tormentas.
d .... nublado y no se ve nada.
e .... a 25 grados.

2.7. **Ordena las siguientes frases.**

a Galicia / En / llueve / noviembre. / en / a / menudo ....
b está / Hoy / en / Madrid / nublado. / hace / y / frío ....
c calor / En / verano / mucho / en / la / playa. / normalmente / hace ....
d viento. / En / Toledo / esta / mañana / hace / mucho ....
e ¡qué / 30 / Hoy / estamos / grados, / a / calor! ....

4 **2.8.** **Escucha y elige si es verdadero (V) o falso (F).**

a Ⓥ Ⓕ Mañana va a hacer sol.
b Ⓥ Ⓕ La temperatura es la habitual en ese periodo del año.
c Ⓥ Ⓕ No va a llover en la montaña.
d Ⓥ Ⓕ En el norte puede hacer viento a mediodía.
e Ⓥ Ⓕ En el norte las temperaturas son muy altas.

VOCABULARIO

El tiempo atmosférico

2.9. **Completa el siguiente recuadro.**

	Infinitivo	Presente (3.ª persona)	Nombre	Adjetivo
(lluvia)		*llueve*		*lluvioso/a*
(nieve)	*nevar*		*nieve (la)*	

2.10. **Completa con las palabras adecuadas del recuadro anterior.**

a El otoño es una estación de mucha ....

b En invierno normalmente hay .... en las montañas.

c Creo que hoy va a .... porque el cielo está nublado.

d Me gusta mucho cuando .... porque todo está blanco.

2.11. **Marta habla en el chat con sus amigos hispanoamericanos del tiempo que hace en sus países. Completa sus diálogos con las siguientes palabras (una de ellas no es necesaria).**

nada de ▪ malo ▪ somos ▪ muchísimo ▪ estamos

Marta: ¿Qué tal por Buenos Aires?

Armando: Bien, con un poco de frío.

Marta: ¿Frío? Pero si es agosto.

Armando: Ya, pero aquí .... a 12 grados.

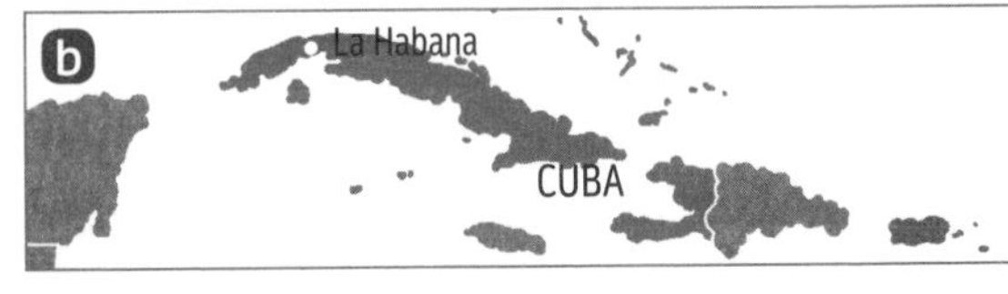

Marta: ¿Qué haces hoy?

Dinio: Nada de especial, voy a la playa como todos los días.

Marta: ¡Qué bien! ¿Qué tiempo hace?

Dinio: .... calor. 36 grados de máxima, muchacha.

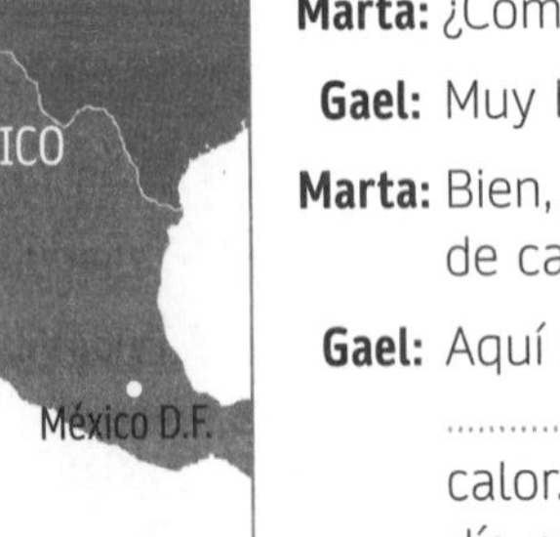

Marta: ¿Cómo estás?

Gael: Muy bien, ¿y usted?

Marta: Bien, con un poco de calor por Madrid.

Gael: Aquí no hace .... calor. Hoy hace un día estupendo.

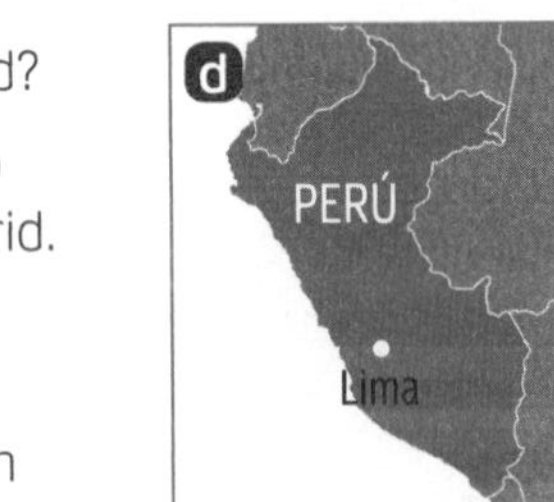

Marta: ¿Qué tal por Lima?

Flor: Todo bien. Mucho calor.

Marta: Como aquí.

Flor: Sí, pero el lunes dicen que el tiempo va a ser muy ...., con muchas tormentas.

2.12. **Busca en internet información sobre el tiempo en estas capitales y completa la ficha.**

	Buenos Aires	La Habana	Lima	México D.F.
Descripción del clima				
Mínimas en invierno				
Máximas en verano				
Otros fenómenos				

2.13. **Lee estas descripciones y elige de qué fenómeno meteorológico se habla. Escribe las descripciones que faltan.**

hielo ▪ rayo ▪ trueno ▪ tormenta ▪ lluvia ▪ niebla ▪ viento

a Descarga eléctrica de gran intensidad producida entre dos nubes. ....

b Ruido grande que normalmente viene después del rayo. ....

c Nubes muy bajas que impiden muchas veces la visión. ....

d Agua que pasa a estado sólido por una bajada de temperatura. ....

e ....

f ....

g ....

2.14. **Busca los nombres de los meses del año en esta sopa de letras. Faltan dos. ¿Puedes decir cuáles?**

N	O	V	I	E	M	B	R	E	G	G
E	N	E	R	O	M	N	O	P	Y	T
R	F	T	X	S	E	I	F	T	L	L
B	J	D	I	C	I	E	M	B	R	E
M	U	C	A	A	Y	U	O	G	N	M
E	N	G	B	V	B	J	Ñ	B	A	O
I	I	B	R	R	A	I	A	Z	E	H
T	O	D	I	F	E	B	R	E	R	O
P	E	H	L	F	T	A	I	N	T	E
E	K	K	A	D	M	A	Y	O	D	Ñ
S	G	E	K	D	H	D	M	B	A	P
A	E	H	D	T	G	I	B	D	T	H
O	A	S	Z	O	I	L	U	J	A	E
O	C	T	U	B	R	E	F	T	E	A

Faltan: .... y ....

2.15. **Ahora, completa con las vocales que faltan y tendrás cuatro refranes españoles muy típicos que hablan del tiempo meteorológico.**

a "M.....rz..... ventoso y .....br.....l lluvioso hacen a m.....y..... florido y hermoso".

b "La pr.....m.....v.....r..... la sangre altera".

c "M.....ñ.....n.....s de niebla, t.....rd.....s de paseo".

d "Año de n.....ev.....s, año de bienes".

2.16. **Lee las definiciones. ¿Puedes decir de qué estación se trata en cada caso si vives en España?**

a Estación en la que crecen las flores y llueve mucho, aunque a veces también hace sol. Es la estación más bonita del año.

....

b En esta época del año empieza a hacer frío y las hojas se caen. Los días se hacen más cortos.

....

>>>

c Estamos de vacaciones, hace mucho sol y puedes ir a la playa. No tienes que ir al colegio.

....

d Es la mejor estación para ir a esquiar. Además, te hacen muchos regalos. También hace mucho frío.

....

GRAMÁTICA

Ir a, hay que, tener que, deber + infinitivo

2.17. **Relaciona las explicaciones con la expresión a la que se refieren.**

1 *Ir a* + infinitivo
2 *Hay que* + infinitivo
3 *Tener que* + infinitivo
4 *Deber* + infinitivo

- **a** Se usa para expresar la obligación de hacer algo.
- **b** Expresa una obligación impersonal, generalizada.
- **c** Expresa acciones que van a suceder en un futuro próximo. Con esta perífrasis hablamos de nuestros proyectos.
- **d** Expresa una necesidad como recomendación o consejo.

2.18. **Completa las perífrasis con la palabra que le falta. Cuidado porque, en algún caso, no hay que poner nada.**

a Mañana tengo .... ir al oculista a hacerme la revisión.
b Esta tarde vamos .... ver una película con unos amigos.
c ¡Cuidado con el vaso! Está en el borde de la mesa y se va .... caer.
d Esta tarde no puedo salir porque tenemos .... terminar el trabajo de Física.
e Mañana vamos al pueblo .... visitar a mis abuelos.
f Si quieres tener buenas notas, hay .... estudiar mucho y escuchar al profesor.
g Para tener buena salud debes .... comer mucha fruta.

2.19. **Esta es la agenda de Juan para el fin de semana. Contesta a las preguntas que hay a continuación.**

SÁBADO

8:30 Partido de fútbol en el parque.
12:00 Hacer los deberes de Matemáticas.
13:30 Comida en casa de los abuelos.
18:30 Partida con la Wii en casa de los primos.
22:00 Cumpleaños de María.

DOMINGO

12:00 Chatear con Martín.
17:00 Hacer la maleta y ordenar la habitación.
19:00 Despedirme de los abuelos.
20:00 Vuelta a casa.

a ¿Juan puede ir a comer con sus amigos el sábado?
No puede porque tiene que comer con sus abuelos.

b ¿Puede ir a jugar al baloncesto el domingo por la mañana?
No puede porque ....
....

c ¿Juan puede ir a ver una película el sábado a las 12:00?
No puede porque ....
....

d ¿Puede ir el domingo por la tarde con la bici?
No puede porque ....
....

e ¿Puede ir el domingo a las 19:00 a merendar con Julia?
No puede porque ....
....

2.20. **Ordena las siguientes frases para que tengan sentido.**

a Carmen / ir / lunes / al / tiene / dentista. / que / el ....

b va / Rosa / universidad. / Medicina / estudiar / la / a / en ....

c vamos / Mañana / a / cine. / ir / al ....

d ir / no / a / va / clase / enferma. / está / porque / María / a ....

e tengo / Esta / que / hacer / trabajo / tarde / el / Física. / de ....

f coger / autobús / Debes / tarde. / muy / es / el / porque ....

2.21. **Completa las frases con los verbos que hay entre paréntesis.**

a Para tener buena salud .... (haber) que comer de todo.

b Carmen hoy no puede salir porque .... (tener) que hacer los deberes.

c Este fin de semana .... (ir, nosotros) a ir al pueblo con mis primos.

d Si no ves bien, ... (deber) ir al médico.

e Para aprender bien una lengua .... (tener, tú) que ir al país donde se habla.

f El año que viene .... (ir, yo) a ir a Inglaterra a estudiar inglés.

2.22. **Escribe qué cosas hay que hacer para...**

Ejemplo: ser un buen jugador de fútbol: *Para ser un buen jugador de fútbol hay que hacer mucho deporte.*

- ser un buen estudiante: ....
- ser un buen profesor: ....
- tener mucho dinero: ....
- hablar cinco idiomas: ....
- tener un buen trabajo: ....

2.23. **En las siguientes frases hay algunos errores. Escríbelas de nuevo correctamente.**

a Este domingo tengo de visitar a mis tíos porque mi tía está enferma.

....

b Mañana, si tengo tiempo, hay que comprar el regalo de cumpleaños de Belén.

....

c El próximo año tenemos comprar otro coche.

....

d Mis hermanos y yo tenemos de ordenar la habitación.

....

e Los médicos dicen que hay hacer deporte para tener buena salud.

....

2.24. **Elige la respuesta correcta.**

1 Gemma le pregunta a Belén por sus planes para el fin de semana, ¿cómo lo hace?:

a ¿Qué haces en fin de semana?
b ¿Qué vas a hacer este fin de semana?
c ¿Qué cosa vas a hacer este fin de semana?

2 A Tomás le duele la cabeza y tiene fiebre, su amigo Jordi le dice:

a Hay que ir al médico.
b Debes ir al médico.
c Tienes de ir al médico.

3 Pedro le dice a Román que este verano en vacaciones:

a tiene de ir a Argentina.
b va a ir a Argentina.
c hay que ir a Argentina.

4 El profesor de Gimnasia les dice a sus alumnos que para tener buena salud:

a hay que hacer deporte y comer bien.
b tienen de hacer deporte y comer bien.
c deben que hacer deporte y comer bien.

2.25. **Carmen se va Inglaterra a estudiar inglés con una familia, está haciendo la maleta y su madre le dice lo siguiente. Escribe las perífrasis que encuentres y di de qué tipo son.**

"Carmen, al llegar a Inglaterra me llamas inmediatamente. Vas a estar con una familia que no es la tuya, por eso tienes que portarte bien, cumplir los horarios y adaptarte a sus costumbres. Come bien y sobre todo desayuna bien, hay que desayunar bien para tener fuerza todo el día. Debes ser ordenada y tener tu habitación recogida. Tu padre y yo vamos a ir a visitarte en dos semanas, tienes que estar tranquila y estudiar inglés".

PRONUNCIACIÓN Y ORTOGRAFÍA

La tilde diacrítica

2.26. **Coloca la tilde donde sea necesario.**

- **a** Mi libro es el amarillo y aquel es el tuyo.
- **b** Los ingleses toman muchos tipos de te.
- **c** No se por qué hay todo este alboroto.
- **d** Este paquete es para ti y este es para mi.
- **e** ¿En tu casa tenéis jardín?
- **f** Carmen, si vienes a mi casa, te enseño todas las fotos del verano.
- **g** Pienso en ti todo el tiempo.
- **h** El hermano de María está en mi clase.

2.27. **Lee las siguientes frases y marca si son correctas (C) o incorrectas (I). Luego, corrígelas.**

- **a** (C) (I) Sé preparar una paella.
- **b** (C) (I) A mi me encanta el sol.
- **c** (C) (I) Juan sé levanta siempre a las 9.
- **d** (C) (I) Mi casa es muy grande.
- **e** (C) (I) ¿Cuándo te vas a Madrid?
- **f** (C) (I) Prefiero el te con leche.

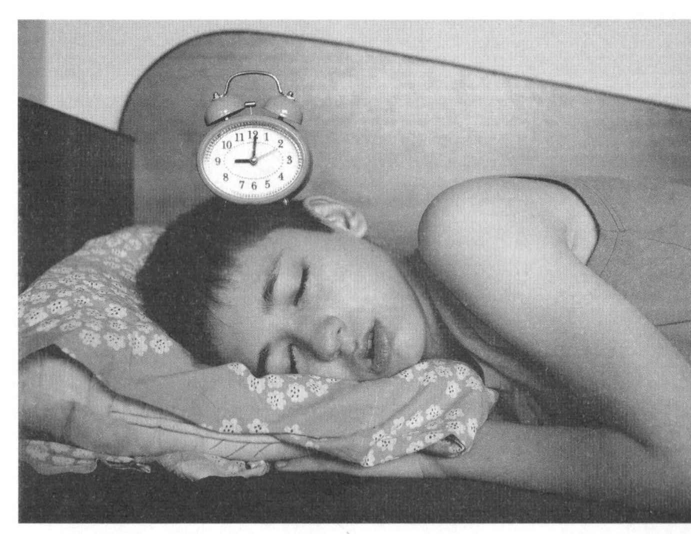

CULTURA

Paisajes y climas

2.28. **Responde a las siguientes preguntas.**

a ¿Qué animal está en peligro de extinción en los Pirineos? ➔ ....

b ¿Por qué es famoso el lince ibérico? ➔ ....

c ¿Cuál es el clima del Cono Sur? ➔ ....

d ¿Qué otro nombre recibe la ciudad de Ushuaia? ➔ ....

e ¿Cuál es el alimento favorito del oso pardo? ➔ ....

f ¿En qué región de España está el Parque de Doñana? ➔ ....

2.29. **Contesta verdadero (V) o falso (F).**

a Ⓥ Ⓕ Los países hispanohablantes que forman el Cono Sur son: Paraguay, Argentina, Chile y Uruguay.

b Ⓥ Ⓕ En Argentina el idioma oficial es el español, pero también se hablan dialectos como el mapuche.

c Ⓥ Ⓕ Paraguay tiene unas de las más bajas temperaturas del planeta.

d Ⓥ Ⓕ Ushuaia, en Tierra del Fuego, Argentina, es la ciudad más al sur del mundo.

e Ⓥ Ⓕ En Ushuaia nieva mucho y las temperaturas son frías durante todo el año.

EVALUACIÓN

Comprensión de lectura

2.30. **Román y Carlos se conocen en un campamento de verano y hablan del tiempo que hace en las ciudades en las que viven. Lee el diálogo y contesta, después, verdadero (V) o falso (F).**

Román: Pues en Burgos hace mucho frío en invierno, a veces 7 bajo cero, a menudo nieva, sobre todo en el mes de enero.

Carlos: ¡Qué frío! Con esa temperatura no te apetece ni salir a la calle, en mi ciudad en enero hace un poco de frío pero no tanto.

Román: Nosotros estamos acostumbrados, mi padre dice que en Burgos solo hay dos estaciones, la de invierno y la de trenes.

Carlos: Ja, ja, ja, en Cádiz, el mes en el que más frío hace es enero también, con más o menos 10 grados. Lo mejor es el verano porque hace muchísimo calor, aunque a veces hay unas tormentas muy grandes, con rayos y truenos.

Román: En Burgos en verano hace calor pero, a veces, no podemos ir a la piscina, y por la noche, en agosto, muchas veces tienes que ponerte una chaqueta porque hace fresco.

Carlos: ¿Ah, sí?, pues en mi ciudad no necesitas chaqueta por la noche y puedes ir a la playa hasta en los meses de otoño, porque el agua está caliente y hace bueno.

Román: En Cádiz no nieva nunca, ¿no?

Carlos: ¡Qué va! Para ver la nieve tienes que ir a la montaña, pero hay mucha humedad.

Román: Burgos es todo lo contrario, es muy seco; por eso cuando te abrigas mucho, rápidamente entras en calor.

>>>

a Ⓥ Ⓕ En Burgos, en verano hace mucho calor.

b Ⓥ Ⓕ En Cádiz, en invierno nieva y hace viento.

c Ⓥ Ⓕ En la ciudad de Román nieva en invierno.

d Ⓥ Ⓕ El padre de Román dice que en Burgos hay cuatro estaciones.

e Ⓥ Ⓕ En Burgos el ambiente es muy seco.

Comprensión auditiva

5 2.31. Escucha y completa las frases.

a Rafa necesita dormir como mínimo ....

b Cree que hay que comer .... aunque piensa que no necesitamos muchas .... ni ....

c Rafa tiene tos y resfriado cuando ....

d Para una vida equilibrada, dice que hay que disfrutar de .... de la vida.

Expresión e interacción escritas

2.32. Escribe un diálogo siguiendo las instrucciones.

Saluda a tu compañero/a y pregúntale cómo está.  Responde y pregunta a tu compañero/a dónde va a ir el fin de semana.  Responde y di qué ropa vas a llevar.

....

....

....

....

....

....

....

....

Expresión e interacción orales

2.33. Observa la agenda de María para la próxima semana. Explica qué tiene que hacer cada día.

Lunes 16

Biblioteca. Trabajo de Historia. Con Alicia a las 18:00 h.

Martes 17

Acompañar a mis padres. Compras en el súper sobre las 17:00 h.

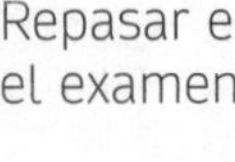

Repasar en casa para el examen de mañana.

Miércoles 18

Examen de Inglés. 11:00 h.

Jueves 19

Clase de baloncesto (18:00 h).

Viernes 20

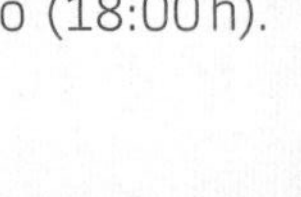

Tarde de peli en el cine con Juan, Félix, Julia y Roberto. ¡Bieeeeeeen!

Hablar del pasado reciente y de nuestras experiencias. *Todavía no/Ya*

3.1. Relaciona las frases.

1 ¿Qué has desayunado esta mañana? •	• **a** He tomado galletas y un zumo de naranja.
2 ¿Qué has tomado para el desayuno? •	• **b** No, todavía no he comido.
3 ¿Ya has comido? •	• **c** He desayunado café y tostada.
4 ¿Ya has cenado? •	• **d** Sí, ya he cenado.

3.2. ¿Has cumplido todos tus sueños? Cambia el infinitivo por pretérito perfecto y explica si YA o TODAVÍA NO has cumplido tu sueño. ¡No te olvides de añadir tres sueños más a la lista!

Ejemplo: Visitar Barcelona:
Ya he visitado Barcelona.

- Viajar a China: ....
- Hacer un curso de fotografía: ....
- Aprender otro idioma: ....
- Comprar un ordenador portátil: ....
- Jugar todo un fin de semana a la Xbox: ....
- Conocer a Orlando Bloom: ....
- Ver películas antiguas: ....
- Jugar en la NBA: ....
- Comer todo el chocolate del mundo: ....
- Ir de excursión con el instituto: ....
- Leer libros de viajes: ....
- Estar en la calle hasta media noche: ....
- Ganar un premio: ....
- Ir a un concierto de Juanes: ....
- Poner una bombilla: ....
- Conducir: ....
- Teñirse el pelo: ....
- Aprobar todas la asignaturas: ....
- Ser delegado de la clase: ....
- Encontrar un tesoro: ....
- ....
- ....
- ....

3.3. **Imagina cómo ha sido el día de esta persona y responde a estas preguntas.**

a ¿Con quién ha estado? ....

b ¿Qué ha comido? ....

c ¿Dónde ha ido? ....

d ¿Qué ha hecho durante el día? ....

e ¿Dónde ha cenado? ....

6 **3.4.** **Escucha y escribe qué cosas ya ha hecho o todavía no ha hecho Jaime.**

	Ya	Todavía no
a Visitar París.	▢	▢
b Hablar francés.	▢	▢
c Ver una película en 3D.	▢	▢
d Escribir un libro.	▢	▢

	Ya	Todavía no
e Ganar un premio.	▢	▢
f Ir a un concierto.	▢	▢
g Cantar en un karaoke.	▢	▢

VOCABULARIO

Los medios de comunicación

3.5. **Completa este texto con las palabras del recuadro.**

- ~~presentador~~
- prensa
- portadas
- noticias
- titulares
- corazón
- medios de comunicación
- periodistas
- revistas
- paparazzi

Esta semana nos ha visitado un famoso **a** ...presentador... de informativos para hablarnos de la importancia de los **b** .... en España. Nos ha enseñado las **c** .... de varios periódicos y hemos leído juntos lo más importante de las **d** .... en sus **e** ....

También hemos hablado de los diferentes tipos de **f** .... escrita. Por último, hemos criticado el trabajo de los **g** .... que escriben en **h** .... del **i** .... y a los **j** .... que hacen fotografías a famosos sin su consentimiento.

3.6. **Relaciona los elementos de las dos columnas. Luego, completa el texto sobre la prensa rosa con el vocabulario de la primera columna.**

1 lectores •	• **a** la fama
2 modelos •	• **b** la personalidad
3 famosos •	• **c** el concurso
4 deportistas •	• **d** el deporte
5 concursantes •	• **e** la moda
6 personajes •	• **f** la lectura

La “prensa rosa”, con noticias de los **a** ...., la leen millones de **b** .... que quieren saber de la vida de actores, cantantes, **c** ...., **d** ...., presentadores y **e** .... de programas de televisión. Estas publicaciones se dedican a informar sobre la vida personal de las celebridades. A pesar de esto, muchas personas critican estas publicaciones por hablar de **f** .... con pocos valores morales.

3.7. **Busca un canal de televisión y un periódico digital en español. Tómate tiempo para verlos bien y, luego, responde a las preguntas.**

Canal de televisión en español

- a ¿Cómo se llama el canal?
- b ¿Cómo se llama el programa y qué tipo de programa es?
- c ¿Qué día y a qué hora viste el programa?
- d ¿Qué te gustó más del programa?
- e ¿Qué no te gustó del programa?

Periódico digital en español

- a ¿Cómo se llama esta publicación de internet?
- b ¿De dónde es?
- c ¿Qué tipos de artículos presenta?
- d ¿Qué te gustó más de esta publicación?
- e ¿Qué no te gustó de esta publicación?

3.8. **Discute con tus compañeros qué medios de información prefieres. Luego escribe tus conclusiones debajo.**

- ¿Prefieren ver programas en la televisión o leer las noticias en el ordenador?
- ¿Por qué?

....

....

....

....

....

Las noticias de prensa

3.9. **Completa con los nombres de las partes que componen una noticia. ¿Sabes lo que representa cada una?**

a .... →

Aumenta el número de becas para estudiar en el extranjero

b .... →

El Gobierno quiere promocionar el intercambio cultural y el aprendizaje de lenguas entre los jóvenes

c .... →

Esta semana el Ministerio de Educación publicó una nueva convocatoria de becas dirigidas a estudiantes del último año de Secundaria para iniciar sus estudios en universidades de países hispanos.

d .... →

Cientos de estudiantes van a poder realizar sus carreras en países extranjeros. La ministra de Educación anunció su objetivo de mejorar la formación académica y lingüística de los estudiantes y las relaciones culturales entre Estados Unidos y los países hispanos. Según la ministra, para poder participar en el programa de becas es necesario dominar ya el español y presentar un expediente académico brillante.

3.10. **¿Qué opción describe la información que hay en cada parte de la noticia que acabas de leer?**

1 Titular

- a Más estudiantes estudian en el extranjero.
- b Se ofrecen más becas para estudiar en el extranjero.
- c Se ofrecen más cursos en otras lenguas.

2 Subtítulo

- a El Gobierno quiere promover el estudio de lenguas extranjeras entre los jóvenes.
- b Los jóvenes están más interesados en el estudio de otras culturas.
- c El Gobierno ayuda económicamente a los jóvenes a estudiar otras lenguas.

3 Entrada

- a El Ministerio de Educación anunció que hay más alumnos estudiando en el extranjero.
- b El Ministerio de Educación anunció nuevas becas para estudiar en el extranjero.
- c El Ministerio de Educación anunció becas para estudiar en el extranjero destinadas a estudiantes de último año de Secundaria.

4 Cuerpo de la noticia

- a Aporta detalles sobre el proceso para solicitar las becas.
- b Aporta detalles sobre los objetivos del programa.
- c Las dos, a y b.

3.11. **Crea tu propio titular y subtítulo para dos de estas imágenes. Ayúdate con las preguntas que tienes a continuación.**

- ¿De dónde es/son?
- ¿Dónde está/n?
- ¿Qué hizo/hicieron? / ¿Qué pasó?
- ¿Qué va/n a hacer ahora?

a

b

c

d

GRAMÁTICA

Pretérito perfecto

3.12. **Escribe el participio regular de los siguientes verbos.**

a bailar:	i tener:	p salir: ....
b leer:	j oír:	q vivir: ....
c dormir:	k sentir:	r llamar: ....
d pasar:	l hablar:	s estar: ....
e ir:	m andar:	t coger: ....
f poder:	n conocer:	u conducir: ....
g celebrar:	ñ ser:	v querer: ....
h corregir:	o vencer:	w oler: ....

3.13. Escribe el participio de los siguientes verbos. Son participios irregulares.

a decir:	e abrir:	i morir: ....
b romper:	f hacer:	j poner: ....
c volver:	g ver:	k escribir: ....
d descubrir:	h resolver:	l prever: ....

3.14. Encuentra en esta sopa de letras 15 participios regulares e irregulares. Escribe también el infinitivo de cada uno.

```
H I C L O K E O L I D O G I D A R O T O
E F I E A V I P A D A C E L I N I S R U
C R E O W I D A D O V U K D Ñ M O Y A M
H E N D Y M O B V C Z C X B H Q S T Í U
O E S Y C D N A B I E R T O S P T Y D Y
O A E O A S O J D U Q A P A I R E D O R
C B O F G T M L Ñ W I P O R P E D I D O
E I Ñ N E C P K O Q R U W D M G I C E G
H Q N E S E H A Í M U E Ñ C A U H H O S
U I G W P Ñ A M D F Q G M A F N D O U E
O C C D C I Y O O U D O B H C T C A B C
E G O T A D O I O D C U R K Z A N R Ñ A
U P R E I E X R M A Y Q L G N D O B T D
N C R E S P O N D M S O S A T O R N S U
E Z E B O Q A Y O O R R C D E X H M O Q
B G G A N A D O P U E S T O Y U P U R A
A P I E I D E S C R I T O P A P Q E Z H
C O D O C A F A P M D O N R G O H R O C
I N O R S N O R P D O O I A Ñ C E T H P
A B M I D G I B C A N T E S G A R O A E
```

a ....
b ....
c ....
d ....
e ....
f ....
g ....
h ....
i ....
j ....
k ....
l ....
m ....
n ....
ñ ....

3.15. Completa usando la forma adecuada del verbo *haber*.

En casa somos cinco. Mi madre, mi padre, mi hermana, el perro y yo. Mi madre trabaja en casa. Mi padre **1** .... conducido toda la vida, primero un taxi y ahora un camión. Siempre le **2** .... gustado comer bien y por eso **3** .... viajado por toda España buscando los mejores platos. **4** .... vivido desde su boda en el mismo lugar, pero ahora **5** .... comprado una casa en la montaña porque mi padre siempre **6** .... querido tener un lugar con un jardín. Mi hermana **7** .... cambiado muchísimo últimamente: se **8** .... comprado un piso, **9** .... vuelto a estudiar y **10** .... aprendido a cocinar. **11** .... (Nosotros) comido juntos este fin de semana, **12** .... hablado mucho porque nos vemos poco desde que **13** .... (yo) cambiado de ciudad. Les **14** .... (yo) explicado que **15** .... conocido a mucha gente nueva y que **16** .... visto sitios increíbles. También les **17** .... contado que todavía no **18** .... escrito ningún correo a mis amigos y que tampoco **19** .... visto los museos de la ciudad.

- ¿**20** .... (tú) descubierto algo interesante? — **21** .... preguntado mi hermana.
- No, no... De momento solo **22** .... abierto la maleta. No **23** .... visitado casi nada. **24** .... descansado mucho y **25** .... empezado un curso de italiano.
- ¿Lo **26** .... (tú) pasado bien hasta ahora? — **27** .... dicho mi madre.
- ¡Sí! De momento, **28** .... sido genial... ¿Y vosotros? ¿**29** .... estado bien?
- ¡Claro! Te **30** .... (nosotros) echado de menos pero ahora que **31** .... (tú) vuelto, ¡nada **32** .... cambiado!

3.16. Completa las siguientes frases con la forma adecuada del pretérito perfecto.

a .... (Discutir, yo) con mis padres pero, al final, puedo ir a la fiesta de Sonia.

b Esta mañana .... (desayunar, yo) un café solamente porque .... (despertarse, yo) muy tarde.

c ¿Alguna vez .... (dormir, tú) más de diez horas seguidas?

d .... (Decir, tú) mil veces que estás cansado.

e ¿.................................... (Abrir, tú) la ventana? Es que tengo frío.

f Sherlock .... (resolver, él) el problema. El asesino .... (confesar, él). Crimen resuelto.

g .... (Ir, nosotros) a Praga de vacaciones este verano.

h En clase .... (estudiar, nosotros) la Capilla Sixtina.

i ¿.................................... (Ver, vosotros) *Manual de amor*? Me encanta esa película.

j Está claro que .... (copiar, vosotros). Los exámenes son idénticos.

k Paula y Joan .... (guardar, ellos) sus abrigos en el armario.

l Los alumnos .... (escribir, ellos) una redacción de deberes.

3.17. Pedro ha tenido un día horrible. Completa las frases con la forma de pretérito perfecto adecuadas.

"Esta noche **a** .... (dormir, yo) fatal. **b** .... (Tener, yo) unas pesadillas horribles. **c** .... (Soñar, yo) con gatos y con serpientes. El despertador **d** .... (sonar, él) a las siete y media pero yo lo **e** .... (parar, yo) y **f** .... (seguir, yo) durmiendo. **g** .... (Despertarse, yo) a las diez y media. **h** .... (Ducharse, yo) muy rápido y **i** .... (ir, yo) sin desayunar al instituto. El Sr. Vicente, el profesor de Literatura, me **j** .... (castigar, él) sin recreo porque **k** .... (llegar, yo) tarde, así que **l** .... (estar, yo) en clase solo y mis amigos **m** .... (jugar, ellos) un partido de fútbol. **n** .... (Terminar, yo) los deberes de Matemáticas y **ñ** .... (esperar, yo) a mis compañeros. **o** .... (Tener, nosotros) dos horas más de Matemáticas y Ciencias. La profesora de Ciencias Naturales, Elena, **p** .... (enfadarse, ella) y **q** .... (poner, ella) muchísimos deberes para mañana porque Marc y Angélica **r** .... (hablar, ellos) durante la lección. Yo **s** .... (protestar, yo) pero no **t** .... (cambiar, ella) de opinión".

3.18. Este es Pedro, un chico muy despistado. Fíjate en los dibujos. ¿Qué le ha pasado? Usa el pretérito perfecto.

a Pedro se despierta.
Pedro se ha despertado.

b Pedro rompe la taza del desayuno.
....
....

c Pedro olvida los deberes en su escritorio.
....
....

d Pedro se cae en la calle.
....
....

e Pedro mete un pie en un charco.

f Pedro coge el autobús.

g Pedro llega tarde a clase.

h Pedro entra en el lavabo de chicas.

3.19. **¿Cuándo ha sido la última vez que has hecho esto? Usa los marcadores temporales del recuadro y escribe frases en pretérito perfecto. ¡Sé sincero!**

esta semana ▪ esta mañana ▪ este año ▪ nunca ▪ este fin de semana ▪ hoy
últimamente ▪ esta tarde ▪ esta noche ▪ esta madrugada ▪ este mes

a Peinarse: *Me he peinado esta mañana.*
b Tener pesadillas: ....
c Bañarse en el mar: ....
d Montar en bicicleta: ....
e Ver *Los Simpsons*: ....
f Comer fruta: ....
g Ir de excursión: ....
h Jugar al fútbol: ....
i Ganar un premio: ....
j Maquillarse: ....
k Cortarse el pelo: ....
l Discutir con un amigo: ....
m Leer un libro: ....
n Ir al cine: ....
ñ Hacer un pastel: ....
o Llamar por teléfono: ....
p Ducharse: ....
q Esquiar: ....

3.20. **El periódico de la escuela es muy interesante pero ¡tiene 8 errores! Corrígelos.**

Abril (n.º 27)

La República de la escuela

TITULARES

- Nuestros compañeros de ciencias has ganado el Premio Nacional. ¡Felicidades! (más en pág. 2)
- ¿Radio en el recreo? Sí, amigo, he oído bien. (más en pág. 2)
- Las vacaciones de verano están muy cerca. ¿Habéis pensido qué hacer con vuestro tiempo libre? Tenemos muchas ideas. (más en pág. 2)
- La problema de la primavera. ¡Alergia al polen! (más en pág. 2)

CORAZÓN

- ¡P. y O. hemos estado juntos en la parque!

La chica más guapa ha volvido de sus vacaciones y ha traído muchas fotos. (más en pág. 4)

DEPORTES

- El equipo de fútbol han sido seleccionado para jugar la competición regional. Este fin de semana ha ganado. (más en pág. 3)

3.21. Lee esta carta y completa con el pretérito perfecto.

Querido Javier:

¿Cómo estás? ¿Sabes que estoy haciendo un viaje por Andalucía con mi clase? Llevamos tres días en Sevilla, que es una ciudad preciosa y nos lo estamos pasando genial, aunque **a** .... (tener, nosotros) algunos problemas. Estamos alojados en un hotel del centro muy barato y, hasta hoy, **b** .... (salir, nosotros) casi todos las noches, **c** .... (bailar, nosotros) mucho y **d** .... (acostarse, nosotros) muy tarde. Ya **e** .... (ver, nosotros) la Catedral, que es preciosa, aunque está llena de turistas, pero todavía no **f** .... (entrar, nosotros) en el Álcazar, que nos **g** .... (decir, ellos) que es un lugar maravilloso. No **h** .... (tener, nosotros) tiempo. Además, **i** .... (conocer, nosotros) a unos españoles muy divertidos que nos **j** .... (llevar, ellos) a los mejores lugares de Sevilla.

Hoy **k** .... (desayunar, nosotros) en un bar junto al río Guadalquivir y **l** .... (perder, yo) la mochila llena de regalos, así que **m** .... (ir, nosotros) a la policía. Después **n** .... (pasear, nosotros) por el parque de María Luisa. Tienes que viajar algún día a este lugar. Y tú, ¿qué **ñ** .... (hacer, tú) estos días? Nos vemos muy pronto.

Un abrazo,

Ana.

3.22. Aquí tienes un fragmento del diario de Rosa. Completa con la forma adecuada del pretérito perfecto.

Después de las clases de la mañana **1** .... (ir, yo) a casa y **2** .... (comer, yo) una tortilla que **3** .... (hacer) mi padre. **4** .... (Ver, yo) la televisión un rato y **5** .... (cambiarse, yo) de ropa porque esta tarde **6** .... (hacer, yo) gimnasia. **7** .... (Volver, yo) al instituto a las tres. Como **8** .... (llegar, yo) pronto, **9** .... (hablar, yo) un montón con mis amigos y me **10** .... (explicar, ellos) que Marga, la profesora de Inglés, **11** .... (cambiar, ella) el día del examen y que el director del instituto **12** .... (decir, él) que quiere hacer una reunión con todos los alumnos porque **13** .... (ganar, nosotros) un premio por los trabajos de fin de curso que **14** .... (presentar, nosotros).

15 .... (Salir, yo) del instituto a las seis y **16** .... (coger, yo) el autobús para ir a casa. En el autobús me **17** .... (encontrar, yo) a unos amigos y **18** .... (intercambiar, nosotros) apuntes. **19** .... (Entrar, yo) en mi habitación a las seis y media y **20** .... (encender, yo) el ordenador para hablar con mis amigos en Facebook. **21** .... (Encontrarse, yo) a Celia, que me **22** .... (explicar, ella) que **23** .... (estar, ella) estudiando para el examen de Lengua toda la semana. **24** .... (Quedar, nosotros) mañana para estudiar juntas. A las nueve mi madre **25** .... (volver) a casa y **26** .... (charlar, nosotros). **27** .... (Ayudar, yo) a mi padre a fregar los platos y **28** .... (romper, yo) un vaso. **29** .... (Ir, yo) a mi habitación y **30** .... (terminar, yo) los deberes para mañana. ¡Qué día más largo!

3.23. **¿Verdadero o falso? Contesta imaginando que eres Rosa, la chica que ha escrito un diario en la actividad anterior.**

a (V) (F) Después de las clases he estado en la biblioteca.
b (V) (F) Mi madre no ha hecho una tortilla.
c (V) (F) Yo no he ganado ningún premio.
d (V) (F) Hoy he tenido gimnasia.
e (V) (F) He salido del instituto a las seis de la tarde.
f (V) (F) He cogido el autobús para ir a casa.
g (V) (F) Hoy el director no ha estado en el instituto.
h (V) (F) Hoy he hablado con mis amigos.
i (V) (F) Celia no ha estudiado porque está de vacaciones.
j (V) (F) Mi madre ha dormido fuera de casa esta noche.
k (V) (F) Mi padre y yo hemos fregado los platos.
l (V) (F) He roto un vaso.
m (V) (F) He terminado los deberes para mañana.

3.24. **Escribe algo que has hecho o que no has hecho en los tiempos indicados. Después, compáralo con tu compañero/a.**

Hace un rato ➔ ……
Este año ➔ ……
Este fin de semana ➔ ……
Todavía no ➔ ……
Nunca ➔ ……

7 **3.25.** **Javi ha tenido un día terrible. Ordena las frases. Después, escucha y comprueba.**

a ☐ He soñado con tiburones y yo odio los tiburones.
b ☐ He perdido el autobús y, cuando he llegado a casa, mi hermano pequeño ha pintado mi camiseta favorita.
c ☐ El despertador no ha sonado por la mañana y he llegado tarde a mi clase.
d ☐ He tenido una pesadilla.
e ☐ Mi madre me ha castigado por suspender el examen y no he jugado al fútbol con mis amigos.
f ☐ No he desayunado porque no he tenido tiempo.
g ☐ Mi profesor de Matemáticas ha entregado el examen y he suspendido.
h ☐ Esta noche he dormido fatal.

Los posesivos pospuestos

3.26. **Completa la tabla.**

	masculino singular	femenino singular	masculino plural	femenino plural
yo				
tú				
él/ella/usted				
nosotros(as)				
vosotros(as)				
ellos/ellas/ustedes				

3.27. Completa las frases con el adjetivo o el pronombre posesivo adecuado, según el poseedor que va entre paréntesis.

a ◗ ¿Has visto .... (yo) gafas?
◗ Sí, están junto a las .... (yo).

b Un tío .... (yo) ha venido a visitar .... (nosotros) nueva casa.

c El profesor no ha dicho .... (tú) nombre, ha dicho el .... (yo).

d ◗ .... (Nosotros) perro es muy educado.
◗ El .... (ellos) es muy molesto.

e ¿Es .... (tú) este bolígrafo? María dice que no es .... (ella).

f Esos libros son .... (ella), los .... (tú) están en mi mesa.

g Esa moto tan bonita es de un amigo .... (yo).

h Ángel está muy enfadado, un vecino .... (él) se ha quejado de .... (él) música.

i ◗ Hoy he recogido mi entrada para el concierto.
◗ ¿Tienes la .... (tú)?

3.28. Elige la opción correcta.

a Las flores **nuestras** / **nuestra**.
b Los perros **vuestras** / **vuestros**.
c La silla **suya** / **su**.
d Las pinturas **suya** / **suyas**.
e Los gorros **mío** / **míos**.
f Los libros **tuyos** / **tuya**.
g El póster **nuestro** / **nuestra**.
h Las amigas **míos** / **mías**.

3.29. Completa con los posesivos pospuestos.

a Mi salón es grande y el .... (ella) también.
b Este balón es .... (él).
c Esta botella es .... (nosotros).
d ¿Este ordenador es .... (vosotros)?
e ¿Vamos en el coche .... (tú)?
f Mi chaqueta es verde y la .... (tú) gris.

3.30. Transforma las frases utilizando el posesivo pospuesto como en el ejemplo.

Ejemplo: Esta es mi casa ➔ *Esta casa es mía.*

a Aquellos son sus patines. ➔ ....
b Esa es su mochila. ➔ ....
c Estas son sus zapatillas. ➔ ....
d Aquel es mi colegio. ➔ ....
e Esa es mi radio. ➔ ....
f Estas son sus llaves. ➔ ....
g Esta es tu goma. ➔ ....
h Aquel es vuestro coche. ➔ ....

3.31. Corrige las frases incorrectas.

a Este no es mi libro, es el suyo.
....

b No tengo goma. Déjame la tuya.
....

c No encuentro otra camiseta. La mí está sucia en el cesto de la ropa.
....

d Estas son amigas nuestros.
....

e ¿Estos mensajes son tuyas?
....

f Estas sillas son iguales a las vuestros.
....

g No es mi móvil, es suyo.
....

h ¿Ese es el perro tuyos?
....

PRONUNCIACIÓN Y ORTOGRAFÍA

Las palabras llanas

3.32. **Pon tilde a estas palabras en caso necesario.**

a lapiz	d planta	g Rodriguez	j arbol	m dibujo
b casa	e util	h mano	k facil	n Almodovar
c azucar	f movil	i libro	l mesa	ñ cesped

3.33. **Aquí tienes varios grupos de palabras. Señala la palabra llana de cada uno y, después, indica qué tiene en común cada grupo.**

a coche / camión / tren ➜ ....

b melón / naranja / plátano ➜ ....

c pelo / nariz / corazón ➜ ....

d pantalón / calcetín / camisa ➜ ....

CULTURA

La educación

3.34. **Los temas de este foro sobre educación se han mezclado. Relaciona cada tema son sus respuestas correspondientes.**

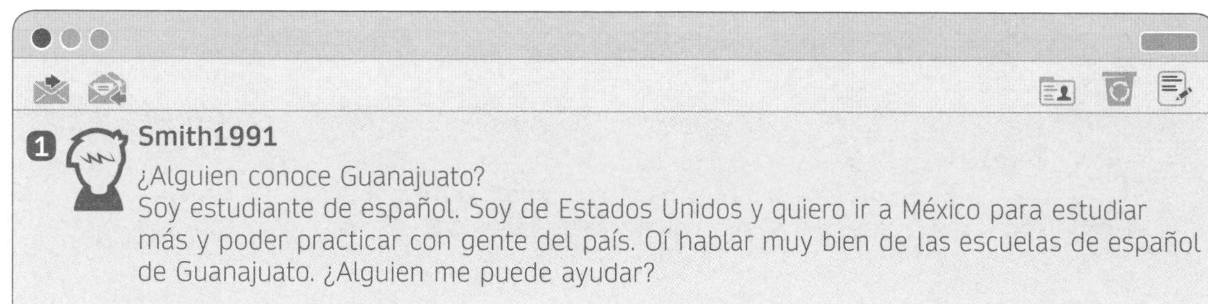

1 Smith1991

¿Alguien conoce Guanajuato?
Soy estudiante de español. Soy de Estados Unidos y quiero ir a México para estudiar más y poder practicar con gente del país. Oí hablar muy bien de las escuelas de español de Guanajuato. ¿Alguien me puede ayudar?

a Rosi18

Pues claro que son buenas. Estas escuelas forman a los futuros profesionales. La formación es muy específica, así que aprendes mucho. Es una educación muy práctica.

b David_19

Yo estudié en esa ciudad. Me gustó mucho porque la ciudad es muy interesante. Hay estudiantes de todas las nacionalidades, sobre todo estadounidenses y brasileños. Como es una ciudad universitaria hay mucha gente joven y es muy fácil hacer amigos. El primer año estudié en la universidad y después en una escuela pequeñita del centro, no recuerdo su nombre. Pero hay muchas escuelas y creo que todas son muy buenas, porque conocí gente de otras escuelas y nunca escuché ninguna queja. ☺

c Bea18

Este es un problema en muchos países. La educación tiene que ser un derecho universal.

>>>

2 **SAllyUSA**
¿Alguien de Argentina? Me llamo Sally y tengo 15 años. Soy de Estados Unidos pero mi madre es argentina y el próximo año nos vamos a mudar a Argentina. Voy a empezar a estudiar en una escuela técnica. Quiero ser química. ¿Alguien sabe si son buenas estas escuelas?

d **Ándale**
Yo también estudié allí. Es una ciudad con mucha historia en este tipo de enseñanza, así que hay muchas escuelas por toda la ciudad y todas son muy buenas. Los profesores son todos excelentes. Les recomiendo a todos cien por cien estudiar allí.

e **Faster**
Para aprender más rápido es importante hacer amigos nativos. Y en esa ciudad la gente es muy simpática. Sin duda, es una buena opción.

f **Fede17**
Estas escuelas tienen muy buena reputación en todo el país. Yo estoy en el último año de Física y después voy a hacer unas prácticas en una empresa.

3 **Bogotá18**
Únanse a la protesta: ¡No a los recortes! ¡No a la privatización de las universidades! Colombia por la Educación.

g **Manifa**
En mi país tenemos el mismo problema. ¡Hay que salir a la calle!

1 Respuestas: .... 2 Respuestas: .... 3 Respuestas: ....

3.35. Ahora responde a este tema propuesto por una estudiante colombiana que va a ir a estudiar a tu país.

Tere13
Soy de Colombia y tengo 13 años. El año que viene me mudo a .... ¿Cómo son las escuelas allí? ¿Qué asignaturas se estudian?

Yo
....
....
....
....
....
....
....
....
....
....

EVALUACIÓN

Comprensión de lectura

3.36. Vas a leer un texto sobre la prensa rosa en España. Completa los espacios con las palabras correctas.

revistas ▪ aristócratas ▪ contenidos ▪ periodismo ▪ lectores
famosos ▪ informaciones ▪ publicaciones ▪ *paparazzi*

La llamada "prensa rosa" o "prensa del corazón" es seguida cada semana por unos dos millones y medio de **a** .... interesados en conocer de cerca la vida de **b** .... españoles y extranjeros. Actores, cantantes, deportistas, modelos, **c** ...., presentadores, concursantes de *reality-shows* y otros personajes son los protagonistas de estas **d** ...., dedicadas a informar sobre la vida personal de nuestras celebridades. Es tanto el interés que existe en España por este tipo de **e** .... que en los últimos años han surgido numerosos programas de televisión con similares **f** .... Entre las **g** .... más vendidas se encuentran *Pronto*, *Hola*, *Diez Minutos* y *¡Qué me dices!* A pesar de su popularidad, no todos los españoles son partidarios de este tipo de **h** ...., ya que en muchos casos el personaje sufre la presión de los **i** .... y se sobrepasa el límite del derecho a la intimidad. En otras ocasiones la controversia se basa en la falta de valores morales de algunos de los personajes que aparecen en la prensa del corazón y el temor a transmitir a los más jóvenes un modelo de vida donde "todo vale", si el objetivo final es ser popular.

3.37. Indica si las afirmaciones sobre el texto anterior son verdaderas (V) o falsas (F).

- **a** Ⓥ Ⓕ Más de dos millones de españoles leen al mes la prensa rosa.
- **b** Ⓥ Ⓕ En España interesa la vida de los famosos españoles y extranjeros.
- **c** Ⓥ Ⓕ La vida de futbolistas no aparece en la prensa rosa.
- **d** Ⓥ Ⓕ En televisión también hay programas de prensa rosa.
- **e** Ⓥ Ⓕ *Quince minutos* es una famosa revista española.
- **f** Ⓥ Ⓕ Muchos españoles no están de acuerdo con este tipo de prensa.

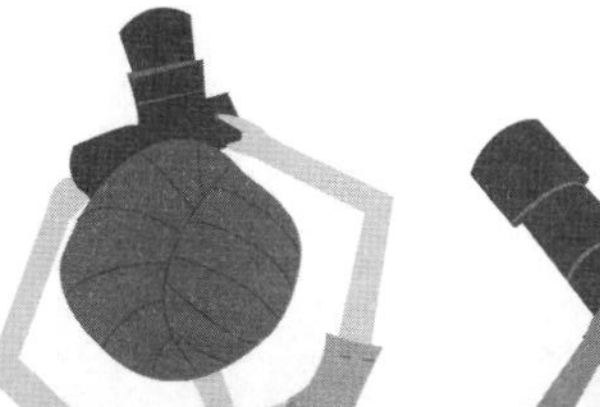

Expresión e interacción orales

3.38. Busca en internet información sobre revistas del corazón en tu país y haz una presentación de dos minutos sobre ellas y sobre los personajes que aparecen en sus páginas.

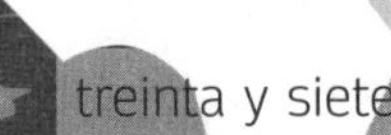

Comprensión auditiva

8 **3.39. Escucha y responde a las preguntas.**

a ¿Qué ha hecho Javi hoy en el instituto?

b ¿Piensa que va a suspender su examen?

c ¿A Javi le gustan los pimientos rojos?

d ¿Qué van a beber Javi y su madre?

e ¿Quién va a cenar ensalada?

Expresión e interacción escritas

3.40. Imagina que has tenido el mejor día de tu vida, ¿cómo ha sido? ¿Qué ha pasado? ¿Dónde has estado?

He tenido el mejor día de mi vida. Todo ha empezado porque esta noche he dormido muy bien, ¡casi 10 horas!

Valorar acontecimientos del pasado

4.1. Relaciona cada pregunta con su respuesta correspondiente.

1 ¿Cuándo fuiste de viaje? •	• a ¡Genial!
2 ¿Dónde fuiste? •	• b Ir a la playa, montar en barco, ir de excursión...
3 ¿En qué fuiste? •	• c Con mis padres y mi hermana pequeña.
4 ¿Con quién fuiste? •	• d El verano pasado.
5 ¿Cómo lo pasaste? •	• e A Menorca, una isla del Mediterráneo.
6 ¿Qué hiciste? •	• f En avión.

4.2. Observa a las personas de estas imágenes y elige la opción correcta.

1 La semana pasada Andrés .... muy bien en el cine.

a lo pasó **b** fue

2 Ayer mis amigos fueron a cenar al restaurante La Torre y .... mucho.

a lo pasaron **b** les gustó

3 Fernando quedó con Miguel para ver una película. A Fernando ...., pero para Miguel .... un rollo.

a le encantó / fue **b** lo pasó / fue

4 Sandra y Sonia fueron el finde a un karaoke y .... fenomenal.

a lo pasan **b** lo pasaron

4.3. **Completa las siguientes frases con tus propias experiencias.**

Ejemplo: *El viaje de fin de curso. Lo pasé fenomenal.*

a .... Fue un rollo.
b .... No me gustó.
c .... Fue muy divertido/a.
d .... Me gustó mucho.
e .... Lo pasé genial.
f .... Fue muy interesante.

4.4. **Relaciona.**

1 ¿Dónde fuiste de vacaciones el verano pasado?	**a** ¡Lo pasamos muy bien!
2 ¿Qué comiste?	**b** Comí una tortilla muy rica.
3 ¿Visitaste el museo del Prado?	**c** Fui a Ibiza.
4 ¿Cómo lo pasasteis?	**d** ¡Sí, claro! Fue lo primero que visité.

4.5. **Escribe las siguientes expresiones para valorar en el grupo correspondiente, según su significado.**

Lo pasamos superbién ■ Ni fu ni fa ■ Fue un rollo ■ Lo pasamos genial ■ Fue fantástico
Lo pasamos de miedo ■ Fue estupendo ■ Regular ■ Lo pasamos fatal ■ Más o menos

- Muy bien: ....
- Normal: ....
- Muy mal: ....

9 **4.6.** **Escucha a las siguientes personas hablar de algunas experiencias y escribe la información que falta.**

	Ana	**Miguel**	**Paula**
¿Dónde fue?			
¿Qué hizo?			
¿Cómo se lo pasó?			

VOCABULARIO

Los viajes

4.7. **Lee estas palabras relacionadas con viajes y clasifícalas en las siguientes categorías.**

hotel ▪ avión ▪ billete ▪ senderismo ▪ refugio ▪ mochila ▪ saco de dormir ▪ maleta ▪ tren

Medios de transporte	Actividades al aire libre	Alojamientos	Objetos

4.8. **Completa con algunas palabras del ejercicio anterior.**

a Si vas de excursión a la montaña, puedes alojarte en un ....
b Muchas personas compran sus .... de avión en internet.
c Me gusta mucho caminar, por eso cuando voy al campo hago ....
d La .... es muy cómoda, porque llevas el equipaje en la espalda.
e Si duermes al aire libre, lo mejor es el ....

10 **4.9.** **Escucha y clasifica las palabras en la columna correspondiente.**

Medios de transporte	Alojamientos	Actividades al aire libre	Objetos

4.10. **Completa el siguiente texto con algunas palabras del ejercicio anterior.**

Si quieres hacer un viaje y no tienes tiempo de ir a una agencia, puedes comprar tus a .... por internet. Si vas a viajar a un país extranjero, no olvides llevar tu b .... o no te dejarán entrar.

Si vas a la sierra y te gusta caminar, puedes hacer f ...., pero recuerda llevar unos zapatos adecuados.

Si vas a una ciudad, lo más cómodo es alojarte en un c .... del centro. Si vas de excursión a la montaña, te puedes alojar en un d ...., son muy baratos. En la montaña también puedes dormir al aire libre, pero entonces no olvides llevar tu e ....

Si llevas mucho equipaje, es mejor llevar una g .... con ruedas, pero si vas a caminar mucho o a ir de excursión, la h .... es más cómoda porque llevas el peso en la espalda.

La jerga juvenil

4.11. **Sustituye las expresiones destacadas de las frases por las que aparecen en el recuadro.**

flipante ▪ mazo de ▪ rayarse ▪ por la cara ▪ molar ▪ qué pasada ▪ mogollón de ▪ mosqueado/a

a Mi hermano Roberto está **enfadado** conmigo porque ayer no salimos juntos. ....
b ¡Qué bonitas son tus gafas de sol! **Me gustan** mucho. ....
c El chico nuevo de la clase de 2.° B es **muy** guapo. ....
d Mi padre me ha regalado dos entradas para el cine, podemos ir **gratis**. ....
e Mi vecino se ha comprado una moto **increíble**. ....
f Este verano he conocido a **mucha** gente. ....
g **¡Qué increíble!** Este verano Alicia ha viajado con sus padres por toda Europa. ....
h Cuando llego más tarde de las diez, mi madre **se enfada**. ....

4.12. **Escribe una frase con las siguientes expresiones.**

a Estar mosqueado: ....
b Por la cara: ....
c Ser una pasada: ....
d Mogollón de: ....

GRAMÁTICA

Pretérito indefinido: verbos regulares

4.13. **Completa con la persona del pretérito indefinido que se te pide.**

a (nosotras) viajar ..... *viajamos* .....
b (ellos) comprar ....
c (usted) bañarse ....
d (yo) mirar ....
e (vosotros) bailar ....
f (ellas) estudiar ....
g (tú) tomar ....
h (nosotros) navegar ....
i (ellas) viajar ....
j (yo) trabajar ....
k (vosotras) volar ....
l (ellos) caminar ....
m (tú) pensar ....
n (él) chatear ....
ñ (ellos) llegar ....
o (ella) escribir ....

4.14. **Relaciona los verbos en infinitivo con sus correspondientes formas en pretérito indefinido.**

1 (nosotros) vivir •	• a consumieron
2 (ellos) comer •	• b salí
3 (yo) salir •	• c comieron
4 (ellas) vivir •	• d abrió
5 (vosotros) beber •	• e bebisteis
6 (tú) escribir •	• f escribimos
7 (usted) salir •	• g vivimos
8 (él) abrir •	• h escribiste
9 (ustedes) consumir •	• i vivieron
10 (nosotras) escribir •	• j salió

4.15. **Conjuga los verbos entre paréntesis en pretérito indefinido.**

a Ayer .... (comer, yo) en un restaurante del centro.
b En 2006 .... (vivir, nosotros) cinco meses en Londres.
c La semana pasada Shakira .... (cantar) en Barcelona.
d El verano pasado mi hermana nos .... (escribir) una postal desde Estocolmo.
e El mes pasado mis padres .... (visitar) París.
f El martes pasado .... (comer, nosotros) en el comedor del colegio porque perdimos el autobús.
g Andrés .... (navegar) en internet tres horas seguidas y .... (escribir) correos a todos sus amigos.

Pretérito indefinido: verbos regulares e irregulares

4.16. **Completa las frases y marca si se trata del verbo *ir* o del verbo *ser*.**

	Ir	Ser
a Ayer mi hermano .... a casa de Pedro a tomar un café.	☐	☐
b El mes pasado .... el cumpleaños de Andrea.	☐	☐
c Cervantes .... un gran escritor.	☐	☐
d Nosotros .... los organizadores del concurso.	☐	☐
e Yo .... en coche al centro de la ciudad.	☐	☐
f Jimena y Albert .... los únicos que me felicitaron por mi cumpleaños.	☐	☐
g Antonio .... delegado de clase durante tres años.	☐	☐
h Pedro .... ayer al médico.	☐	☐

4.17. **Román le cuenta su viaje a sus hermanas. Estuvo dos semanas en España y lo pasó muy bien. Completa con los verbos que faltan.**

"**a** .... (Ser, él) fantástico. España es un país precioso. **b** .... (Comer, nosotros) muy bien, muy barato pero muchos fritos. **c** .... (Ir, nosotros) a un espectáculo y **d** .... (escuchar, nosotros) flamenco. La gente **e** .... (ser) superamable con nosotros y nos **f** .... (invitar, ellos) a todo. **g** .... (Visitar, nosotros) Madrid, Granada y Santander, e **h** .... (hacer, nosotros) muchas fotografías. **i** .... (Entrar, nosotros) en muchos museos y **j** .... (comprar, yo) un abanico para mamá y jamón para papá porque son muy típicos de allí".

4.18. **Adivina dónde estuvieron Alberto, Jimena, Carlos y Cristina. Completa los verbos que faltan y escribe en qué ciudad están.**

a ....

.... (Subir, yo) a la Torre Eiffel.
.... (Visitar, yo) la Catedral de Notre Dame.
.... (Comer, yo) crepes.
.... (Ir, yo) a Eurodisney.

b ....

.... (Ir, nosotros) a la Torre del Oro.
.... (Ver, nosotros) un espectáculo de flamenco.
.... (Comer, nosotros) paella de pescado.
.... (Bailar, nosotros) sevillanas.

>>>

c

.... (Comer, yo) pato laqueado.

.... (Caminar, yo) por la Ciudad Prohibida.

.... (Comer, yo) arroz con palillos.

.... (Estar, yo) en la plaza de Tian´anmen.

d

.... (Subir, nosotros) a la Sagrada Familia.

.... (Pasear, nosotros) por la playa de la Barceloneta.

.... (Comprar, nosotros) flores en las Ramblas.

.... (Visitar, nosotros) el Estadio Olímpico.

4.19. **Señala qué verbos del recuadro son irregulares en pretérito indefinido y conjúgalos.**

poder ▪ comer ▪ beber ▪ hacer ▪ decir ▪ escribir ▪ vivir ▪ salir ▪ cantar ▪ dar ▪ bailar ▪ saltar

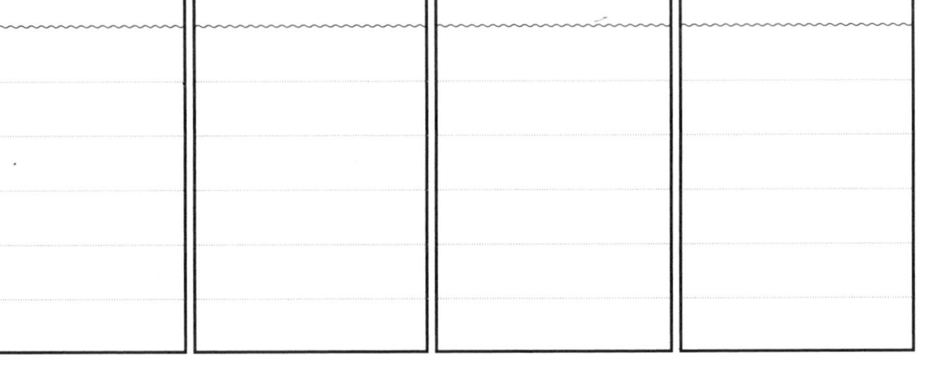

yo				
tú				
él/ella/usted				
nosotros(as)				
vosotros(as)				
ellos/ellas/ustedes				

4.20. **Completa las frases con el verbo en pretérito indefinido. Recuerda que muchos son irregulares.**

a Ayer Ainhoa no .... (poder, ella) ir a clase porque estaba enferma.

b En el concierto de David Bisbal nos .... (poner, nosotros) muy cerca para ver mejor al cantante.

c El fin de semana pasado .... (hacer) muy mal tiempo y no .... (poder, nosotros) ir de excursión a Montserrat.

d ¿Por qué no .... (venir, tú) a mi fiesta de cumpleaños? .... (Ser, ella) muy divertida y nos .... (reír, nosotros) mucho.

e Marta y Jaime no .... (querer, ellos) venir con nosotros a esquiar.

f Ayer te .... (decir, yo) que no me gusta nada ese libro.

g Alberto y Natalia .... (traer, ellos) de su viaje por Argentina mogollón de regalos para todos.

h Toma, María me .... (dar, ella) este libro para ti, me .... (decir, ella) que te lo regala.

i Ayer me .... (poner, yo) el abrigo porque es nuevo y me encanta.

j El curso pasado .... (hacer, yo) un trabajo de ciencias muy divertido.

4.21. **Ordena las siguientes frases.**

a Andrés / a María / casa / playa. / de / la / visitó / en / su

b discutieron. / Ayer / Marta / y Pedro

c pasada / semana / Valencia. / estuve / La / en

d Carolina / por / regalo / el / enviaron / y Arturo / correo.

e Mi / estudió / cinco / en / años / hermano / EE. UU.

f Juan / a Marta / regalo / un / compró / por / cumpleaños. / su

4.22. **Busca en la sopa de letras ocho verbos en pretérito indefinido. Aquí tienes una pista de cada verbo.**

a Lo contrario de *entrar* (3.ª persona singular).
b Lo hacen con un boli y un papel.
c Lo contrario de *encontrar* (1.ª persona singular).
d Cuando tienen que tomar una decisión.
e Lo contrario de *irse* (1.ª persona plural).
f Cuando vais a México, a Cuba, a Francia...
g Cuando ves a alguien por primera vez.
h Lo contrario de *perder* (1.ª persona singular).

C	O	N	O	C	I	S	T	E	R	D
F	F	G	J	A	B	O	U	I	L	F
A	G	S	E	L	Y	Ó	O	I	O	E
D	E	C	I	D	I	E	R	O	N	E
H	Y	E	N	C	O	N	T	R	É	V
E	T	R	O	E	Ó	S	B	O	T	O
S	V	U	E	I	V	E	I	V	S	L
C	O	I	L	S	B	O	A	I	A	V
R	G	A	P	I	P	R	I	A	M	I
I	S	A	A	E	N	N	O	J	B	M
B	E	O	I	E	R	R	T	A	N	O
I	H	A	W	L	D	D	T	S	H	S
E	Ó	B	A	L	Ú	O	Í	T	L	F
R	F	V	S	I	E	V	O	E	O	E
O	A	S	Q	M	F	O	J	I	S	E
N	F	R	E	I	A	X	A	S	U	N

11 **4.23.** **Alberto explica a su amiga su último viaje. Escucha y contesta a las preguntas.**

a ¿Qué sorprendió más a Alberto de México?
b ¿Qué ciudades visitó Alberto?
c ¿Qué espectáculo fue a ver Alberto? ¿En qué ciudad?
d ¿Qué comió Alberto en México? ¿Le gustó?
e ¿Qué vio Alberto en Teotihuacán y en Chichén Itzá?
f ¿Dónde compró Alberto el regalo para su amiga? ¿Qué es?

4.24. **Escribe un texto explicando tu último viaje.**

4.25. **Completa el texto con los verbos del recuadro en pretérito indefinido.**

ver ▪ hacer ▪ estar ▪ andar ▪ decir ▪ ser (x2) ▪ poner
querer ▪ ir ▪ alojarse ▪ comer ▪ poder ▪ montar ▪ dar

Hola Rosa:

El año pasado **a** .... de vacaciones con mis padres a Italia.

El viaje **b** .... genial, Italia es un país increíble. **c** .... el viaje en avión, de Madrid a Roma, allí **d** .... en un hotel precioso, pero también **e** .... en Florencia y Venecia.

En Roma **f** .... muchísimo, porque es una ciudad con muchísimas cosas que ver, ¡qué dolor de pies al final del día! Y eso que nos **g** .... zapatos cómodos...

En Venecia **h** .... en Góndola y **i** .... un paseo por los canales, y en Florencia **j** .... al David de Miguel Ángel. El guía del museo nos **k** .... que esta escultura es el símbolo de la ciudad. Florencia es tan bonita...

Un día mi padre **l** .... ir a cenar a un restaurante que está en lo alto de una colina y, además de que **m** .... una pasta deliciosa, **n** .... ver toda la ciudad de noche, ¡**ñ** .... fantástico!

Un saludo,

Carolina

PRONUNCIACIÓN y ORTOGRAFÍA

Las palabras agudas

4.26. **¿Cuáles de estas palabras son agudas? Colócalas en el recuadro.**

concierto ▪ maleta ▪ libro ▪ caja ▪ amor
visión ▪ ojo ▪ cajón ▪ Alberto ▪ botella ▪ sofá
vivir ▪ ciempiés ▪ calor ▪ cortina ▪ pantalón
calculadora ▪ revista ▪ billete ▪ Raquel ▪ Jesús

AGUDAS

4.27. **Pon tilde a las siguientes palabras si lo necesitan y di por qué.**

a raton	**f** valor	**k** Ezequiel ....
b señor	**g** ardor	**l** comi ....
c sali	**h** vivi	**m** Ivan ....
d meson	**i** Ruben	**n** alli ....
e pintor	**j** ingles	**ñ** color ....

4.28. **Escribe la tilde si es necesario.**

a español	**d** corazon	**g** dormir	**j** volvi	**m** natacion
b frances	**e** feliz	**h** sofa	**k** ordenador	**n** final
c animal	**f** estacion	**i** habitacion	**l** cafes	**ñ** marques

El turismo en España e Hispanoamérica

4.29. **Lee los textos y relaciónalos con los títulos que tienes a continuación.**

1 El ecoturismo. 2 El turismo: una actividad económica en expansión. 3 Diferentes tipos de turismo.

a

El turismo en México es uno de los motores de su economía. Es el segundo país del continente americano más visitado por turistas extranjeros. Estadounidenses, canadienses, europeos e hispanoamericanos de otros países son, por este orden, las nacionalidades que más lo visitan.

Las atracciones turísticas más importantes son su clima templado, sus paisajes y costas, y su cultura, que combina elementos coloniales europeos, principalmente de origen español, y precolombinos.

b

Costa Rica es un pequeño país de América Central que recibe miles de turistas interesados en su enorme diversidad de paisajes, especies animales y vegetales; además, también encontramos numerosos volcanes y restos históricos precolombinos.

Por todo esto, el gobierno de Costa Rica, junto a las empresas dedicadas al turismo, son pioneros en desarrollar la actividad turística de una manera sostenible y respetuosa con el medioambiente. Por eso, es admirada internacionalmente.

c

España ocupa uno de los primeros puestos como destino turístico mundial. Los turistas visitan España atraídos por la variedad de su paisaje, su cultura y su gastronomía.

En España, la actividad turística es muy variada y podemos encontrar muchos tipos de alojamiento que dependen del tipo de turismo. Los más frecuentes son hoteles y apartamentos, para el turismo de playa; y refugios y casas rurales, para el turismo rural y de montaña. Por otra parte, hostales, albergues y pensiones son las opciones económicas para los más jóvenes.

4.30. **Busca en los textos de la actividad anterior frases o expresiones que signifiquen lo mismo que estas frases.**

a Costa Rica fue uno de los primeros países que desarrolló el ecoturismo. ....

b Uno de los aspectos más valorados de la cultura mexicana es su carácter mestizo. ....

c España es muy visitado porque sus regiones tienen diferentes paisajes, arquitectura, cocina, etc. ....

d La actividad turística en México ocupa un lugar muy importante en su economía. ....

e En España hay opciones para todos los gustos. ....

DELE

Comprensión de lectura

4.31. **Lee el siguiente texto sobre un extraño viaje y contesta a las preguntas.**

El viaje más extraño de mi vida fue el otoño pasado, cuando mi amigo Pedrito me invitó a pasar unos días en su casa del pueblo, en Salamanca, donde viven sus abuelos. Salimos de Madrid un viernes por la tarde, hicimos el viaje en coche. Durante el viaje Pedrito me contó que el pueblo de sus abuelos era muy pequeño y que casi no vivía nadie. Las fábricas cercanas cerraron y los habitantes del pueblo se fueron marchando a ciudades más grandes con más trabajo y más comodidades. Cuando Pedrito era pequeño había una piscina y varias tiendas y restaurantes, pero de todo aquello solo quedó una pequeña tienda-bar. Como fuimos a preparar un trabajo para clase, no me importó, pensé que la tranquilidad era lo que necesitábamos.

A las ocho de la tarde llegamos al pueblo, ya era de noche y me sorprendió no ver a nadie por las calles, ni un perro, nada, solo silencio, parecía un pueblo fantasma...

Llegamos a la casa de la familia de Pedrito, llamamos al timbre... nada, ni un ruido, ni una señal de vida. Mi amigo gritó: "¡Abuelos!, ¡Abuelos!". "Están un poco sordos", me dijo, pero nadie contestó. Pedrito, extrañado, fue a llamar a su vecino Pepe. "Él nunca sale de casa", me dijo. Pero en casa de Pepe nadie abrió.

Decidimos esperar. Mientras, Pedrito me enseñó la casa, el jardín, su habitación, nos cambiamos de ropa... y nada, nadie llegó. Entonces, preocupados, decidimos salir a buscar a los abuelos. Anduvimos mucho rato pero no vimos a nadie por las calles, ni en sus casas vacías... Por fin, nos pareció ver a lo lejos de la calle mayor una débil luz. "¡Es el bar!", me dijo Pedrito. Nos acercamos, escuchamos sonidos, alguien hablaba, parecía... una película. Entonces empujamos la puerta para entrar y... ¡misterio resuelto! El dueño del bar había comprado una televisión con pantalla gigante y ¡todo el pueblo fue allí a celebrarlo!

a ¿Dónde fue de viaje el protagonista? ....

b ¿Con quién fue? ....

c ¿Cuándo fue de viaje? ....

d ¿Para qué fue a ese lugar? ....

e ¿Qué le extrañó al protagonista cuando llegó al pueblo? ....

f ¿Qué hicieron al no ver a nadie en casa? ....

g ¿Dónde encontraron los dos amigos a los abuelos de Pedrito? ....

h ¿Por qué fue al bar toda la gente del pueblo? ....

Comprensión auditiva

12 **4.32.** **Escucha la conversación telefónica entre Paco y Marta y contesta a las preguntas.**

a ¿Dónde y con quién fue Paco el fin de semana?

b ¿Cómo se lo pasó?

c ¿Qué hizo Marta el fin de semana?

d ¿Cómo se lo pasó Marta?

e ¿Qué les enseñó a hacer Javi a Paco y a su amigo Santi?

f ¿Cuál fue la mejor experiencia de Paco durante el fin de semana?

g ¿Cuál es el consejo que aparece en el diálogo?

Expresión e interacción escritas

4.33. **Escribe un correo electrónico a un/a amigo/a explicándole tu última excursión o salida al campo (dónde fuiste, qué hiciste, cómo lo pasaste, etc.). Recuerda completar todos los datos del correo.**

Expresión e interacción orales

4.34. **Cuéntale a tu compañero/a tu viaje más extraño o increíble.**

¿DÍGAME?

Preguntar por un producto y su precio

5.1. Completa los siguientes diálogos con las expresiones del recuadro.

rebajas ▪ cuánto es ▪ cuánto cuestan ▪ tan caro ▪ cuánto cuesta (x2) ▪ tarjeta

Diálogo 1

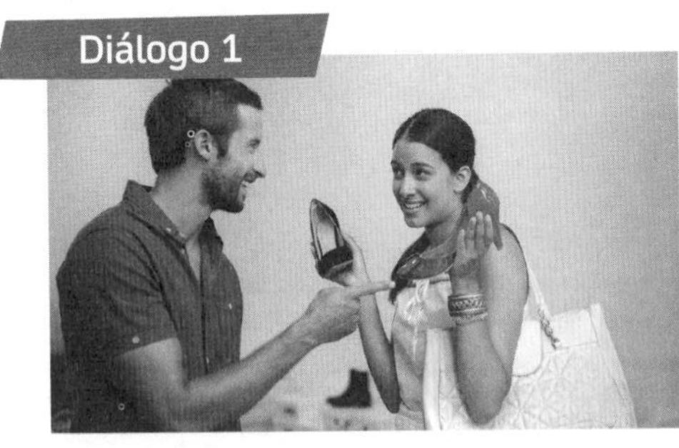

- Hola, ¿te puedo ayudar?
- Sí. ¿.................................... estos zapatos?
- 95 euros.
- Gracias.

Diálogo 2

- ¿....................................?
- Son 100 euros.
- ¿Va a pagar con .... o en efectivo?
- En efectivo, por favor.

Diálogo 3

- ¿Has visto qué coche ....?
- Sí, es el más caro que he visto.
- ¿Sabes ....?
- No, pero he oído que es carísimo.

Diálogo 4

- ¿.................................... esta camisa?
- 5 euros.
- ¡Qué barata!
- ¡Claro! Estamos en ....

5.2. Escribe las preguntas para estas respuestas.

a ¿....................................? El pantalón cuesta 25 euros.

b ¿....................................? Los lápices valen un euro cada uno.

c ¿....................................? Son 30 euros.

d ¿....................................? Con tarjeta, por favor.

e ¿....................................? Sí, claro. El bolso rojo cuesta 15€ y el azul 18€.

Intensificar una cualidad

5.3. **Observa las imágenes e intensifica sus cualidades. Fíjate en el ejemplo.**

a 

b 

c 

d 

e 

a ¡Qué chico más feo!
b ....
c ....
d ....
e ....

Hablar por teléfono

5.4. **Completa el diálogo con las expresiones del recuadro y responde a las preguntas de abajo.**

diga ▪ dime ▪ dígame ▪ no contesta ▪ cuelga ▪ sms ▪ fuera de cobertura
de parte de quién ▪ le digo algo ▪ saldo ▪ llamadas perdidas ▪ se ha equivocado

Diálogo 1

¡Riiinngggg! (Suena el teléfono en una tienda)

- Movilandia, teléfonos y accesorios, **a** ....
- Hola, tengo un problema con mi nuevo móvil. Últimamente no he recibido ninguna llamada y es muy raro porque todas las noches encuentro muchas **b** .... de todas las personas que han intentado llamarme.
- Entiendo, seguramente usted vive en una zona en la que el teléfono está **c** ....
- ¡Qué extraño! No creo, porque no tengo problemas para recibir ni para enviar **d** ....

Diálogo 2

¡Riiinngggg! (Suena el teléfono en una casa)

- ¿**e** ....?
- Hola. ¿Está Cristina?
- ¿**f** ....?
- Soy Sara.
- Hola, Sara. Pues mira, Cristina ha salido, llámala al móvil.
- Ya la he llamado al móvil pero **g** ....
- Umm, qué niña más despistada. Vuelve a las dos a comer, ¿**h** ....?
- No, gracias. Luego llamo otra vez. Hasta luego.
- Hasta luego, Cristina.

Diálogo 3

¡Riiinnggg! (Suena el móvil de Luis y ve quién le está llamando)

- **i** ...., Carlos.
- Hola, Luis. ¿Dónde estás?
- En la tienda de mi tío.
- Es que tengo que contarte una cosa muy importante y solo tengo **j** .... para tres minutos.
- Pues **k** ...., hombre, te llamo yo desde el teléfono de la tienda.

¡Riinnggg!

- ¿Dígame?
- ¿Eres Carlos?
- Creo que **l** ....
- Perdón.

1 Para contestar el teléfono en situaciones formales decimos: ....
a Dime. **b** Dígame.

2 Para contestar el teléfono en situaciones informales o cuando sabemos quién nos llama decimos: ....
a Hola. **b** Dime.

VOCABULARIO

Las tiendas

5.5. **Relaciona las palabras con las imágenes y, después, completa el texto con las palabras del recuadro.**

1 2 3 4 5

a ☐ supermercado
b ☐ centro comercial
c ☐ mercado
d ☐ tienda de alimentación
e ☐ tienda especializada

tiendas de alimentación ▪ centros comerciales ▪ ir de compras ▪ dependientes ▪ servicios
establecimiento (x2) ▪ hacer la compra ▪ tiendas especializadas ▪ horarios

En España hay diferentes maneras de **a** .... Los más tradicionales prefieren comprar en tiendas que, generalmente, están en el centro de la ciudad.

Normalmente van a **b** .... de diferentes artículos como ropa, zapatos, deportes, música, electrodomésticos, etc. En este tipo de **c** .... los **d** .... ofrecen un servicio más personalizado pero muchas personas piensan que son más caros. En la actualidad, las personas más jóvenes prefieren hacer sus compras en grandes superficies o **e** .... Estos comercios normalmente están ubicados en las afueras de las ciudades y ofrecen otros **f** .... como cines y restaurantes. Además, en muchos centros comerciales también hay supermercados grandes donde la gente puede **g** .... Otras personas compran su comida y sus productos diarios en pequeñas **h** .... que normalmente son más caras que los supermercados pero están más cerca de sus casas.

Actualmente, en las grandes ciudades, estos pequeños **i** .... son de extranjeros y ofrecen **j** .... muy amplios porque la mayoría suelen abrir muy temprano y cierran muy tarde.

5.6. **Completa las frases con las palabras de la derecha.**

1 El lugar en el que pagamos en el supermercado se llama...
2 Normalmente, antes de comprar, miramos los productos de las tiendas en la calle, en su...
3 Cuando necesito ayuda en una tienda le hablo al...
4 A los dependientes habitualmente los podemos encontrar en el...
5 Si necesitamos comprobar que la ropa que vamos a comprar nos queda bien, vamos a los...
6 Si tenemos un problema en una tienda o centro comercial, preguntamos por el o la...
7 Para llevar a casa los productos que he comprado necesito una...
8 La temporada en la que los productos están más baratos se llama...

- **a** bolsa.
- **b** encargado/a.
- **c** probadores.
- **d** rebajas.
- **e** dependiente.
- **f** escaparate.
- **g** caja.
- **h** mostrador.

GRAMÁTICA

Ser y *estar*

5.7. Aquí tienes ejemplos de los usos del verbo *ser*. Conjuga el verbo fijándote bien en los sujetos.

Ejemplo: *Juan es un buen amigo.*

a Monica Bellucci .... muy guapa.
b La clase de Gimnasia .... divertidísima.
c .... las tres y cuarto.
d Esta camiseta .... enorme, ¡no me sirve!
e Mi piel .... blanca.
f Mi padre .... serio ¡y yo también .... serio!
g Fran .... abogado pero no encuentra trabajo.
h Vosotras .... muy altas, ¿jugáis al baloncesto?
i Alí y Monem .... de Marruecos.
j Una planta .... un ser vivo vegetal y .... de color verde.
k Paulo .... de Brasil.
l Los mejores coches .... los de Ferrari.
m La silla .... de acero.
n Estos .... mis cinco hermanos.

5.8. ¡Y ahora los usos del verbo *estar*! Completa las frases.

Ejemplo: *Salerno no está cerca de aquí.*

a ¡Yo .... en Valencia y Javier .... en Granada!
b La mantequilla .... detrás de la mermelada.
c El restaurante .... abierto hasta las doce de la noche.
d .... muy cansado hoy, no he dormido bien esta noche.
e Hay una epidemia de gripe, por eso todos mis compañeros .... enfermos.
f ¡Elena .... triste! ¿Alguien sabe qué le pasa?
g Paula .... en Colonia. Vuelve a Huelva en dos semanas.
h El móvil .... encima de la mesa.
i .... en enero, ¡qué frío!
j Este cómic .... muy bien, me encanta.
k Mi padre .... trabajando.
l Sergio y Felipe .... de camareros.

5.9. ¿*Ser* o *estar*? ¡Qué dilema!

Ejemplo: *Como he ido al gimnasio estoy muy cansada.*

a ¿Sabes de dónde .... Pau Gasol, el jugador de baloncesto?
b Esta noche toca Nacho Vegas. El concierto .... en la sala Apolo.
c Paula y Fermín .... de Cantabria, una comunidad autónoma que .... en el norte de España.
d Este .... mi hermano, se llama Jaime, ¿verdad que .... muy guapo? Pues con el pelo largo .... más guapo todavía.
e Andrea Bagnani .... jugando en Toronto, pero .... italiano.
f El Vesubio y el Teide .... inactivos desde hace mucho tiempo.
g .... (nosotros) jóvenes pero no .... tontos.
h No he recibido tu correo electrónico porque no .... conectada.
i Si .... (vosotras) en las Ramblas, podéis pasear hasta el mar.
j .... a 27 de noviembre.
k La biblioteca .... cerrada, ¡.......................... las nueve de la noche!
l El partido de fútbol .... a las siete y media de la tarde, ¿vamos juntos?
m Mi hermana .... de camarera porque todavía no ha terminado sus estudios.
n Pablo .... simpático y hablador pero .... preocupado por sus notas, por eso .... callado.

5.10. **Herman y Johann han decidido chatear en español esta tarde para practicar porque mañana tienen un examen sobre los usos de *ser* y *estar*. Ayúdalos y corrige los errores.**

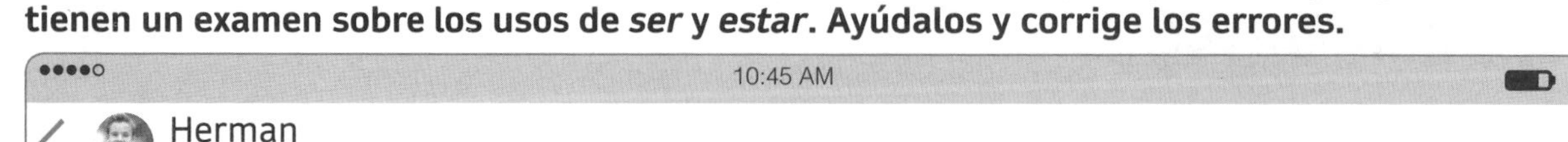

- ¿Qué tal? ¿Cómo **a** estás?
- **b** Soy bien, ¿y tú? ¿ **c** Eres estudiando?
- No, ahora **d** soy cansado y **e** estoy descansando. ¿Has estudiado?
- De momento no, pero no **f** soy preocupado, el español no **g** está difícil para mí.
- ¡Qué suerte! Yo **h** soy muy malo.
- No te preocupes que yo te ayudo.
- Gracias, **i** estás un buen amigo.
- ¡De nada! **j** Está bueno estudiar juntos. Bueno, ¿qué has hecho hoy? No te he visto en clase.
- No, no he ido. **k** Soy malo, me duele el estómago y he vomitado.
- ¡Vaya! Pues entonces no te digo lo que **l** estoy cenando... Una hamburguesa con kétchup, mostaza... Ummm... ¡**m** Está tan buena!
- Pues recuerda que no **n** está bueno comer mucho por la noche... Mírame a mí.
- Bueno, necesito recuperar energía, he corrido casi una hora buscando a mi perro. ¿Tus perros **ñ** están obedientes? El mío nunca hace lo que le digo y se escapa.
- Xena **o** está muy traviesa, también se escapa, pero Thor **p** está más dócil y **q** es obediente, por eso trabaja con mi padre.
- ¿Tu perro trabaja?
- Sí, mi padre **r** está policía y mi perro va con él.
- Mi madre **s** es ama de casa y Xena **t** es en casa con ella siempre, excepto cuando se va a pasear sin avisar. Oye, mi madre dice que puedes venir a estudiar a casa.
- Mejor otro día, hoy **u** soy fatal y **v** soy estudiando en la cama.
- Te llamo si tengo preguntas, ¿vale?
- Claro, aquí **w** soy si necesitas ayuda.
- ¡Hasta luego!

5.11. **Javi conversa en el chat con un amigo que hace tiempo que no ve. Completa los espacios usando *ser* o *estar*.**

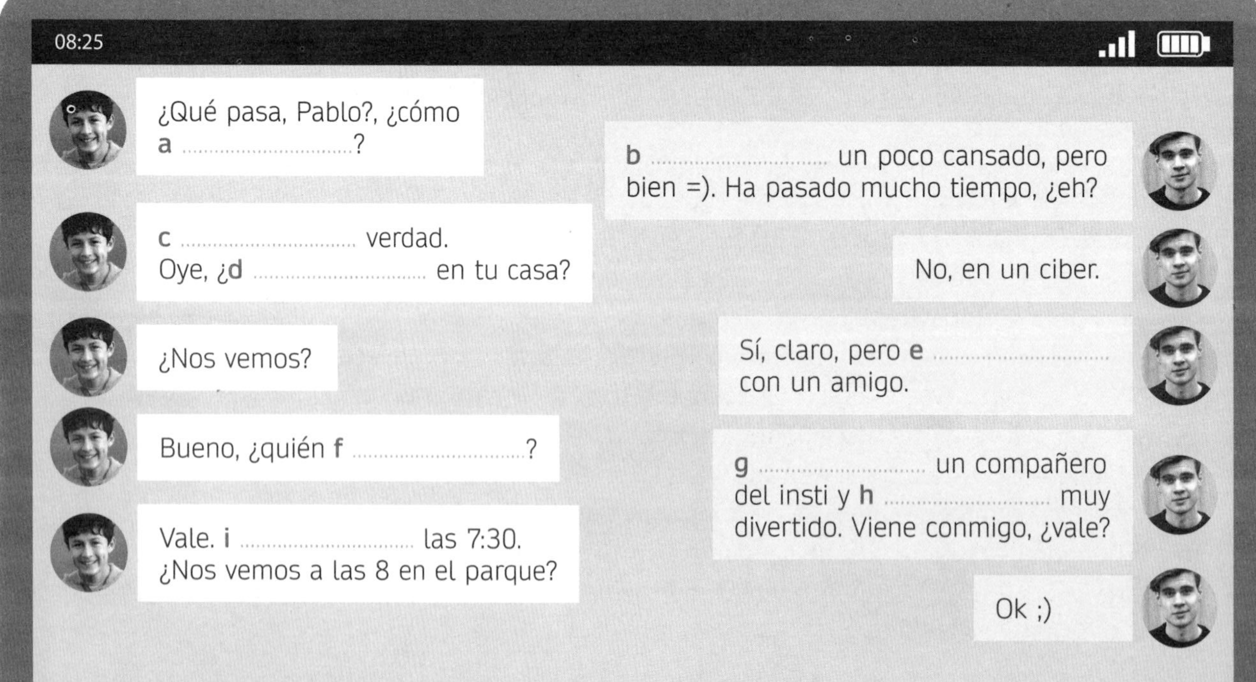

Estar + gerundio

5.12. Escribe las siguientes formas de gerundio en el cuadro correspondiente.

navegando ▪ oyendo ▪ saltando ▪ haciendo ▪ cantando ▪ llamando ▪ bebiendo
saliendo ▪ escribiendo ▪ comiendo ▪ leyendo ▪ durmiendo

-AR	-ER	-IR

5.13. Completa la siguiente conversación telefónica con *estar* + gerundio.

Pedro: Hola, Marta, ¿qué tal?

Marta: Aquí, a ......*estoy haciendo*...... (hacer) el trabajo de Ciencias, y no me sale.

Pedro: ¡Qué dices! Si es superfácil. A ver, ¿qué b .... (hacer) exactamente?

Marta: Nada, Pedro, no importa, c .... (echar) en la tele mi serie favorita y no me concentro.

Pedro: ¿d .... (ver) la tele mientras haces los deberes? ¡Estás loca! Seguro que te e .... (salir) todo fatal.

Marta: Vale, Pedro, pero es que f .... (preparar) el trabajo que tenemos que hacer en grupo. No he empezado todavía en serio. Carmen y Jimena g .... (estudiar) porque mañana tienen un examen y yo me he encargado de la organización.

Pedro: ¡Qué rollo! Bueno, pues te dejo y hablamos mañana, que yo también tengo trabajo. Mi hermano y yo h .... (ordenar) la habitación porque mi madre está muy enfadada. Adiós, Marta, hasta mañana.

Marta: Vale, adiós, Pedro.

5.14. Completa las siguientes frases con *estar* + gerundio.

a Marta .... (preparar) el trabajo de Ciencias.

b Mi madre .... (hacer) chocolate para merendar.

c Carmen y Andrés .... (organizar) una fiesta sorpresa, creo que va a ser superdivertida.

d .... (Ver, yo) mi programa favorito.

e Háblale más alto porque creo que no te .... (oír) nada, es que está un poco sorda.

f Alberto .... (leer) el periódico mientras yo veo una película.

g ▸ ¿Qué hacéis aquí?
▸ Nada, ... (esperar) el autobús que tiene que pasar en cinco minutos.

Imperativo (*tú/vosotros*)

5.15. Completa el cuadro con las formas del imperativo.

	Cantar	Comer	Escribir
tú			
vosotros/as			

5.16. Escribe las formas del imperativo que te piden. Entre estos verbos hay uno que no es regular. ¿Sabes cuál es?

a 2.ª pers. sing. de *beber* ....

b 2.ª pers. pl de *bailar* ....

c 2.ª pers. sing. de *abrir* ....

d 2.ª pers. pl de *hablar* ....

e 2.ª pers. sing. de *poner* ....

f 2.ª pers. pl. de *leer* ....

El verbo irregular es: ....

5.17. Completa las frases con el verbo en la forma del imperativo.

a Si estás enfermo, ... (beber, tú) mucha agua y mucho zumo de naranja porque tiene vitamina C.

b .... (Comprar, vosotros) pan antes de venir a casa.

c .... (Leer, tú) primero las instrucciones porque es difícil de usar y puedes romperlo.

d Mañana por la tarde .... (hablar, vosotros) con Iker, está un poco preocupado.

e .... (Abrir, vosotros) el libro por la página 73.

5.18. Completa la tabla con los verbos en imperativo.

	Oír	Venir	Ser	Decir	Poner
tú					
vosotros/as					

	Salir	Tener	Hacer	Ir
tú				
vosotros/as				

5.19. Completa las siguientes frases con el verbo en la forma del imperativo.

a .... (Girar, tú) la primera a la derecha y allí está la librería que buscas.

b Alberto, ... (dar, tú) las gracias a la señora, por favor.

c ¿Puedo llamar por teléfono? Sí claro, ... (llamar, tú).

d .... (Venir, vosotros) a casa esta tarde y echamos una partida con la Wii.

e ¡Chicos! Vamos a comer. .... (Poner, vosotros) la mesa, que es tarde.

f .... (Cerrar, tú) la puerta, por favor, es que tengo mucho frío.

Las palabras esdrújulas

5.20. **Lee estas palabras y sepáralas en sílabas. Después, pon la tilde en las palabras esdrújulas.**

a arboles ➜ ....
b profesor ➜ ....
c carpeta ➜ ....
d musica ➜ ....
e sabado ➜ ....
f domingo ➜ ....
g ultimo ➜ ....
h amigo ➜ ....
i fabrica ➜ ....
j vecina ➜ ....
k pelicula ➜ ....
l telefono ➜ ....
m equipo ➜ ....
n mañana ➜ ....
ñ manzana ➜ ....
o helicoptero ➜ ....
p maquina ➜ ....
q examenes ➜ ....
r resumen ➜ ....
s fantastico ➜ ....

5.21. **Marca en el texto las palabras esdrújulas y pon la tilde en la sílaba que corresponda.**

> Leo en el periodico las ultimas noticias. El articulo que habla de la opera es fantastico. Dice el periodista que el publico vivió con la musica momentos magicos. Fue un maravilloso espectaculo.

Una región conectada

5.22. **Lee las respuestas a una encuesta sobre tecnología. Luego, responde a las preguntas.**

LATINOS Y LAS NUEVAS TECNOLOGÍAS

LAURA
Hola muchach@s, estamos preparando un estudio sobre nuevas tecnologías y nos gustaría saber qué relación tienen con ellas. Esperamos sus respuestas. Gracias a todos por colaborar.

Respuestas

Hola, me llamo Gael, soy de México, y yo personalmente lo que uso es mi celular. Con él puedo hacer casi de todo, entrar en redes sociales, enviar correos electrónicos, hacer fotos y compartirlas con mis amigos; en fin, muchas cosas. Pero últimamente, lo que más hago es jugar con el celular. Hay muchos juegos que puedo descargar y puedo pasarme horas con ellos, especialmente con los que son *online*, esos me encantan.

*celular = móvil

>>>

Buenas tardes, yo soy Paulina, de Buenos Aires. Para mí, tanto el celular como la computadora son imprescindibles, no podría vivir sin ellos. Cuando estoy en casa, en el trabajo o de vacaciones siempre los estoy manejando. No puedo imaginarme la vida sin ellos. De hecho, tengo tres computadoras. Una de mesa y dos *laptop*. Lo que menos me gusta es que todavía pienso que las tarifas de las empresas de comunicaciones son un poco altas, a pesar de la competencia.

¿Cómo están? Yo me llamo Diego y ahora estoy viviendo en Santiago, la capital de Chile. Yo tengo poquita relación con internet. Entiendo que es algo importante y que nos facilita la vida pero no quiero depender de ello. No tengo internet ni en casa ni en el celular, cuando lo necesito, lo uso en el trabajo o voy a un cibercafé, aquí en Santiago hay muchos. Y comprar por internet me parece un horror, prefiero ir a las tiendas, en mi opinión es mucho mejor.

*computadora = ordenador

a ¿Con quién te identificas más? ¿Por qué? ....

b ¿Para qué sueles utilizar tú el móvil? ....

c ¿Cuántas empresas de telefonía hay en tu país? ....

d ¿Cuáles son en tu opinión las ventajas de tener internet en el móvil? ....

....

e Imagina cuáles serán los nuevos avances tecnológicos. ....

....

EVALUACIÓN

Comprensión de lectura

5.23. Lee el texto y responde a las preguntas.

"Me llamo Sergio y vivo en Chiapas, México. En mi país hay muchas personas que no tienen acceso a la tecnología. Viven en pueblos aislados y no tienen computadora ni internet. Pienso que en el mundo actual es difícil recibir una buena educación sin la tecnología. Por eso, soy voluntario en una asociación de Chiapas que trabaja para acercar la tecnología a las comunidades indígenas. Las empresas de tecnología también colaboran: Mozilla Firefox es un buscador de internet con una versión en maya, que es uno de los idiomas indígenas de Chiapas. Así, mucha más gente puede navegar en la red en su propia lengua".

a ¿Por qué crees que en México hay muchas personas que no pueden acceder a internet? ....

....

b Según Sergio, ¿qué relación hay entre la tecnología y la educación? ....

c ¿En qué consiste el trabajo de Sergio? ....

d ¿Qué es Mozilla Firefox? ....

e ¿Por qué es importante Mozilla Firefox para la gente de Chiapas? ....

....

Comprensión auditiva

13 **5.24. Escucha la conversación telefónica entre Cristina y José y responde a las preguntas.**

a ¿Dónde está Cristina? ....

b ¿Para quién es el pastel que quiere comprar? ....

c ¿Cuánto cuesta cada pastel? ....

d ¿Dónde va a ir José a comprar el regalo? ....

e ¿En qué regalo han pensado? ....

f ¿Quién va a pagar el regalo de Javier? ....

Expresión e interacción escritas

5.25. Javier está haciendo varias cosas al mismo tiempo en su ordenador. Escríbelas usando *estar* + gerundio.

leer un artículo ▪ chatear con amigos ▪ enviar un correo electrónico
pedir opinión en un foro ▪ subir una foto ▪ descargar una canción ▪ comprar un vuelo

Expresión e interacción orales

5.26. Con tu compañero/a, interpreta estas situaciones. Uno de los dos hace de cliente y el otro de dependiente.

Alumno A

a Estás de compras y quieres comprar una chaqueta roja, pero de tu talla solo hay una verde. Al final, decides comprarla y pagas en efectivo.

b Trabajas en una frutería. Preguntas qué quiere el cliente. Las manzanas rojas cuestan 1,5 euros el kilo, y las verdes 0,75 euros. No hay melocotones. Las fresas cuestan a 2 euros el kilo. Preguntas cómo va a pagar. Solo se admite efectivo.

a Trabajas en una tienda de ropa. De la talla del cliente solo hay chaquetas verdes. Preguntas cómo va a pagar.

b Quieres comprar un kilo de manzanas y dos kilos de melocotones, y entras en una frutería. Prefieres manzanas rojas, pero son muy caras. Te llevas las manzanas verdes y dos kilos de fresas. Vas a pagar con tarjeta.

Expresar una opinión

6.1. **Completa con los pronombres que faltan.**

a A mí .... parece/n...
b A ti .... parece/n...
c A él/ella/usted .... parece/n...
d A nosotros/nosotras .... parece/n...
e A vosotros/vosotras .... parece/n...
f A ellos/ellas/ustedes .... parece/n...

6.2. **Relaciona los elementos de la izquierda con los elementos de la derecha.**

1 Me parece •
2 Me parecen •

• a superoriginales.
• b bien salir esta noche.
• c unos maleducados.
• d que Roberto está enfermo.
• e un poco caros.
• f fatal decir eso.

6.3. **Completa las frases con el verbo *parecer* y el pronombre correspondiente. Recuerda que se construye como el verbo *gustar*.**

a A Andrés .... que Aitor está enfadado porque ayer no le llamó por teléfono.
b A mis padres no .... bien celebrar el cumpleaños de Ana en una discoteca.
c A mí .... que es mejor hacer la fiesta el sábado, porque el viernes estamos todos muy cansados.
d A ellos no .... bien salir tan temprano de viaje, prefieren dormir un poco y salir más tarde.
e A Alberto y a mí .... muy mal su reacción, se ha enfadado muchísimo.

6.4. **Lee las respuestas y formula correctamente las preguntas para pedir la opinión.**

a ¿.................. de Alberto?
Me parece un chico muy simpático.

b ¿.................. el profesor de Química?
Creo que explica muy bien, ¿verdad?

c ¿.................. de la crisis económica?
No lo sé. Es algo difícil de contestar.

d ¿Has visto el último capítulo de *Vampiros*?
Sí, claro.
Y ¿qué te ....?
Me ha encantado.

6.5. Responde a las preguntas eligiendo la opción más adecuada según tu opinión.

1 ¿Qué te parece practicar deporte todos los días? ....
- a Me parece necesario.
- b Me parece aburrido.
- c No sé qué decir.

2 ¿Qué opinas sobre Barcelona? ....
- a Creo que es una ciudad muy interesante.
- b Me parece una ciudad muy cara.
- c No lo sé, no he estado nunca.

3 ¿Cuál es tu opinión sobre la cocina oriental? ....
- a No lo sé, no la he probado.
- b Creo que es muy variada.
- c A mí me gusta más la cocina de mi país.

4 ¿Qué piensas sobre el cine de aventuras? ....
- a No me gusta, prefiero el cine romántico.
- b Me encanta, me parece muy entretenido.
- c No tengo una opinión concreta.

6.6. Observa estos dibujos y escribe una pregunta y una respuesta hablando de la opinión.

Ejemplo: ▸ *¿Qué te parece el tenis?*
▸ *Creo que es un deporte divertido.*

a

▸ ....
▸ ....

b

▸ ....
▸ ....

c

▸ ....
▸ ....

d

▸ ....
▸ ....

6.7. Ordena las frases. La primera palabra está en mayúscula.

- a Creo / no / Arturo / que / esta / viene / noche. ....
- b buena / A / idea. / mí / no / parece / me ....
- c parece / una / idea. / buena / Me ....
- d comida / demasiado / Creo / la / que / mexicana / es / picante. ....
- e es / tu / tema? / sobre / ¿Cuál / opinión / ese ....

6.8. **Escribe una frase expresando tu opinión sobre los siguientes temas. Usa los adjetivos que has visto en la unidad.**

Ejemplo: La televisión por cable.
Creo que/Me parece que la televisión por cable es muy interesante.

a Estudiar idiomas.

b Levantarse todos los días a las seis de la mañana.

c Escribir cartas, no correos electrónicos.

d Vivir en el campo.

e Teñirse el pelo.

f Estudiar una lengua muerta, como el latín.

g Hacerse la cirugía estética.

h Comer productos ecológicos.

Expresar acuerdo y desacuerdo

6.9. **Reacciona dando tu opinión ante las siguientes afirmaciones.**

a Todos debemos ser vegetarianos para proteger el medioambiente.

b La mejor música para escuchar cuando vas en coche es la música clásica.

c Lo mejor es viajar en tren: rápido, barato, cómodo, limpio. Me encanta el tren.

d El Real Madrid es el mejor equipo y el más famoso del mundo.

e La montaña es el mejor sitio para ir de vacaciones.

14 6.10. Escucha y marca si expresan acuerdo total, parcial o desacuerdo.

	Acuerdo total	Acuerdo parcial	Desacuerdo
Diálogo 1	▢	▢	▢
Diálogo 2	▢	▢	▢
Diálogo 3	▢	▢	▢

14 6.11. Completa los diálogos. Después, escucha de nuevo y comprueba.

Diálogo 1

- No sé .... vestido ponerme para la fiesta de Juan. Dudo entre este y este.
- A mí me gusta más el verde.
- ¿Sí? No sé, antes me gustaba mucho, pero ahora no sé. ¿No te .... un poco anticuado? ¡Si es que parece un vestido de abuela!
- Pues los vestidos así están muy de moda ahora.
- Si tú ....

Diálogo 2

- ¿Te ha gustado la película?
- ¡Para ....! ¡Qué película más tonta! Es la típica película para adolescentes. ¡No me digas que a ti sí te ha gustado!
- Pues sí, a mí me ha encantado.

Diálogo 3

- ¿.................... sobre el nuevo libro de José Antonio Cotrina? Yo creo .... es el mejor escritor de literatura fantástica, ¿verdad?
- Estoy .... de acuerdo .... Para ...., también es el mejor.

6.12. Observa estas conversaciones y di si expresan acuerdo, acuerdo parcial o desacuerdo.

La cocina francesa es la mejor del mundo.

¡Para nada!

....	**a** A mí me parece que Penélope Cruz es una gran actriz. Si tú lo dices...
....	**b** Antes la gente vivía mejor que ahora. ¡Qué va!
....	**c** Me ha encantado la película. ¡Totalmente!
....	**d** Prefiero la vida en el campo a la ciudad. ¡Qué estrés! No estoy de acuerdo contigo.

6.13. **¿Recuerdas otra manera de expresar acuerdo y desacuerdo? Responde utilizando las siguientes expresiones.**

A mí, también. ▪ A mí, sí. ▪ A mí, no. ▪ A mí, tampoco.

a Me gusta mucho. ☺ .... ☹ ....

b No me gusta para nada. ☺ .... ☹ ....

La negación

6.14. **Completa las frases con las expresiones de negación que consideres adecuadas.**

nunca jamás ▪ ni hablar ▪ no... ni... ni ▪ para nada ▪ ¡que no!

a ▸ Alberto, ¿vienes esta noche al cine a ver *El exorcista*?
▸ ...., qué miedo. No me gustan nada las pelis de terror.

b ▸ ¿Qué tal el restaurante?
▸ Horrible, caro, la comida fría y mala, los camareros antipáticos... No pienso volver allí ....

c ▸ ¿Te importa si viene esta noche Paula a cenar?
▸ ...., Paula es supersimpática.

d ▸ Mamá, necesito 10 euros, por favor.
▸ Ayer te di dinero. ¿Ya te lo has gastado?
▸ Jo, mamá, por favor, es para comprar una cosa.
▸ ¡....................! ¿Crees que soy el Banco de España?

e ▸ Lo siento, no como carne. Soy vegetariano.
▸ ¿No comes carne?
▸ .... como .... carne .... pescado. Soy vegetariano absoluto.

VOCABULARIO

Las personalidades

6.15. **¿Cómo crees que son estas personas? Elige una de las siguientes opciones.**

trabajador/a ▪ impuntual ▪ cariñoso/a ▪ divertido/a ▪ ruidoso/a ▪ hablador/a

a ¡Ay, Enrique, cállate, que ya me duele la cabeza!
Enrique es muy ....

b Ana, siempre que me ve, me da dos besos y un abrazo.
Ana es bastante ....

c Marta habla a menudo a gritos.
Marta es ....

d Juan es imposible, siempre que quedamos llega tarde.
Juan es ....

e Isabel cuenta cosas muy entretenidas, siempre nos hace reír.
Isabel es ....

f Mateo no tiene nunca tiempo libre.
Mateo es demasiado ....

6.16. **¿Recuerdas el adjetivo contrario? Escríbelo.**

a hablador: ....

b ruidoso: ....

c divertido: ....

d impuntual: ....

e trabajador: ....

f cariñoso: ....

6.17. **Lee estos conceptos y asócialos con el adjetivo que mejor los define.**

1 El alpinismo •	• a entretenido/a
2 Una comedia •	• b peligroso/a
3 Trabajar todos los días •	• c relajante
4 Un baño de agua caliente •	• d emocionante
5 Viajar alrededor del mundo •	• e estresante

Los tópicos

6.18. **Intenta relacionar cada tópico con el país al que se refiere.**

Tópico

1 2 3 4

5 6 7 8

País

a ☐ Italia	c ☐ Australia	e ☐ Islandia	g ☐ España
b ☐ Suecia	d ☐ Grecia	f ☐ Turquía	h ☐ Uruguay

GRAMÁTICA

Pretérito imperfecto

6.19. **Completa el siguiente cuadro.**

	hablar	comer	escribir	estar
yo		comía		
tú				
él/ella/usted	hablaba			
nosotros(as)				
vosotros(as)			escribíais	
ellos/ellas/ustedes				estaban

>>>

	tener	ir	ser	ver
yo				veía
tú	tenías			
él/ella/usted				
nosotros(as)			éramos	
vosotros(as)		ibais		
ellos(as)/ustedes				

¿Qué verbos son irregulares? ....

6.20. Escribe las siguientes formas en pretérito imperfecto.

a (tú) escribir ....
b (ella) caminar ....
c (él) comer ....
d (ellos) estar ....
e (nosotros) jugar ....
f (yo) estudiar ....
g (vosotros) preparar ....
h (él) ver ....
i (nosotros) trabajar ....
j (ellos) coger ....
k (tú) empezar ....
l (nosotros) tener ....
m (yo) saber ....
n (ellas) querer ....

6.21. Relaciona las frases con sus expresiones temporales correspondientes.

1 Antes...
2 Entonces...
3 De pequeño...
4 De joven...
5 Cuando...

a iba con mis padres al zoo.
b tenía 18 años, viajaba a Portugal frecuentemente.
c solía ir a conciertos con mis amigos.
d me gustaba montar en bici, ahora no.
e la vida era más tranquila.

6.22. Completa el siguiente texto con la forma del pretérito imperfecto de los verbos entre paréntesis.

De pequeña, Carmen **a** .... (levantarse) muy temprano, porque su escuela **b** .... (estar) muy lejos y **c** .... (tener) que coger el autobús. Todos los días lo **d** .... (esperar, ella) en la parada que **e** .... (haber) frente a su casa. Carmen **f** .... (ir) al colegio con su hermana Ester. Las dos chicas **g** .... (llevar) muchos libros en sus mochilas, así que el camino **h** .... (ser) muy pesado, muy largo, especialmente los días que **i** .... (hacer) mucho frío o cuando **j** .... (llover). Sin embargo, los días de nieve **k** .... (ser) divertidos porque las hermanas **l** .... (jugar) con otros amigos a lanzarse bolas de un lado a otro de la calle.

6.23. Contesta a las siguientes preguntas sobre la actividad anterior.

a ¿Por qué se levantaba Carmen temprano? ....
b ¿Dónde cogía el autobús? ....
c ¿Iba a la escuela sola? ....
d ¿Por qué el camino era pesado y largo? ....
e ¿Qué días eran los peores? ....
f ¿Por qué eran divertidos los días de nieve? ....

6.24. **Completa libremente las siguientes frases.**

Cuando era pequeño/a...

Me gustaba ....

Mi serie de televisión favorita era ....

Los fines de semana ....

Mi madre ....

Mi deporte favorito ....

Por las tardes ....

En vacaciones ....

6.25. **¿Recuerdas tu primer día de clase? Describe a tu profesor/a, a tus compañeros, la clase...**

PRONUNCIACIÓN y ORTOGRAFÍA

Los diptongos

6.26. **Separa las siguientes palabras en sílabas.**

- a vestigio ....
- b hacienda ....
- c siguiente ....
- d tienda ....
- e sueño ....
- f trabajáis ....
- g atención ....
- h sentimiento ....
- i concierto ....
- j canción ....
- k ilusión ....
- l abuelo ....

6.27. **Separa las sílabas y pon la tilde si es necesario.**

- a cubierto ....
- b adios ....
- c treinta ....
- d reunion ....
- e cuaderno ....
- f ciudad ....
- g cuento ....
- h aula ....
- i comeis ....

Herencias y tópicos

6.28. a **Lee el texto y completa los espacios con las palabras del recuadro.**

religiosos ▪ siglo XVIII ▪ muros ▪ influencia española ▪ patio ▪ iglesia
cultivar ▪ criar ▪ murallas ▪ mestizaje

Misión El Álamo.

Las "misiones" españolas en el estado de Texas son del **a** .... La mayoría están situadas a lo largo del río San Antonio. Se crearon porque se quería ampliar la **b** .... hacia el norte de México.

....

Misión San Javier.

Las misiones eran construcciones que tenían objetivos **c** ...., culturales y económicos, una gran área cuadrada que tenía **d** .... gruesos de tierra, con un **e** .... interior rodeado por corredores con arcos, **f** .... en una esquina, convento, habitaciones para los nuevos religiosos, talleres de trabajo, huertos, sembrados, caballerizas y cementerio. Cerca estaban la prisión y el pueblo donde vivían las personas de la zona.

....

Los misioneros enseñaban a los indios a **g** .... la tierra, a **h** .... ganado y a comercializar, pero había pueblos indígenas que preferían su independencia, los comanches y los apaches. Por eso, las misiones tenían **i** .... para su protección. ....

Misión San José.

Su arquitectura era un **j** .... de los estilos europeos renacentista, barroco y mudéjar, con la mano de obra indígena y los materiales propios del lugar. Sencillas y con decoraciones de colores en las paredes.

....

Misión Santa Bárbara.

b **Responde a las preguntas.**

1 ¿De qué época son las misiones en EE. UU.? ....
2 ¿Por qué se crearon las misiones en este estado? ....
3 ¿Cómo era este tipo de construcción? ....
4 ¿Por qué tenían muros las misiones? ....

c **Escribe en cada párrafo del texto su idea principal.**

1 ☐ La estructura de las misiones.
2 ☐ Su estilo arquitectónico.
3 ☐ Su localización.
4 ☐ Las misiones y los indígenas.

EVALUACIÓN

Comprensión de lectura

6.29. **Lee el texto y contesta a las preguntas.**

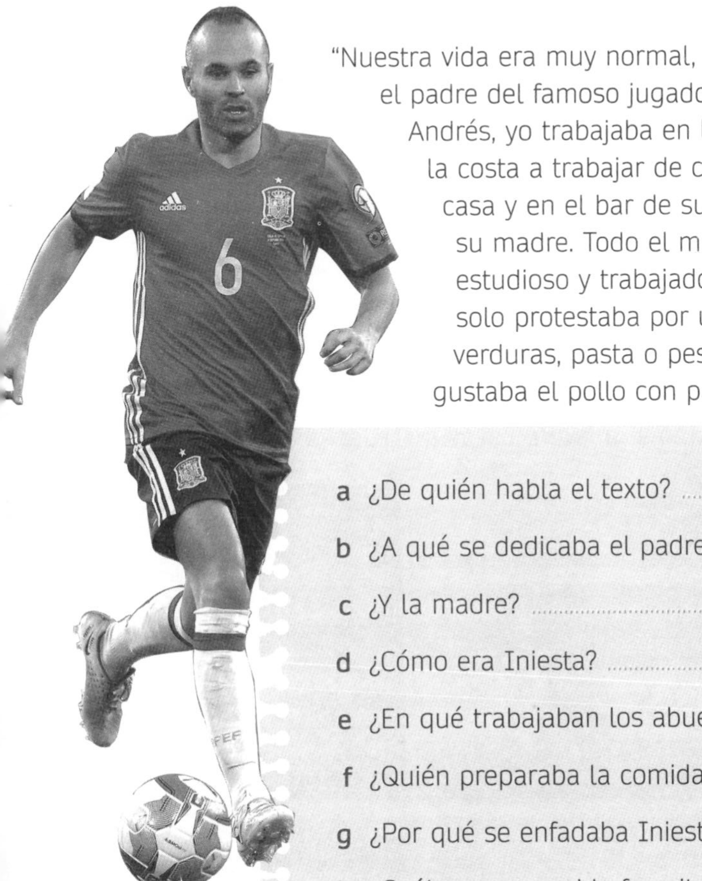

"Nuestra vida era muy normal, de gente de pueblo", explica José Antonio Iniesta, el padre del famoso jugador de fútbol español Andrés Iniesta. "Cuando nació Andrés, yo trabajaba en la construcción, y cuando no había trabajo me iba a la costa a trabajar de camarero. Mi mujer, la madre de Andrés, trabajaba en casa y en el bar de sus padres. Andrés era un niño muy prudente, como su madre. Todo el mundo lo quería. Era un poco tímido, muy respetuoso, estudioso y trabajador. Si le llamabas para algo, venía enseguida. Mi hijo solo protestaba por una cosa: la comida del colegio. Daba igual si había verduras, pasta o pescado: siempre tenía algo que decir, porque solo le gustaba el pollo con patatas. ¡Y todavía le encanta!".

a ¿De quién habla el texto? ....

b ¿A qué se dedicaba el padre de Iniesta? ....

c ¿Y la madre? ....

d ¿Cómo era Iniesta? ....

e ¿En qué trabajaban los abuelos maternos de Iniesta? ....

f ¿Quién preparaba la comida? ....

g ¿Por qué se enfadaba Iniesta? ....

h ¿Cuál era su comida favorita? ....

Comprensión auditiva

15 **6.30.** **Vas a escuchar a cuatro personas hablar sobre su infancia. Relaciona las imágenes con las personas que hablan.**

a ☐

b ☐

c ☐

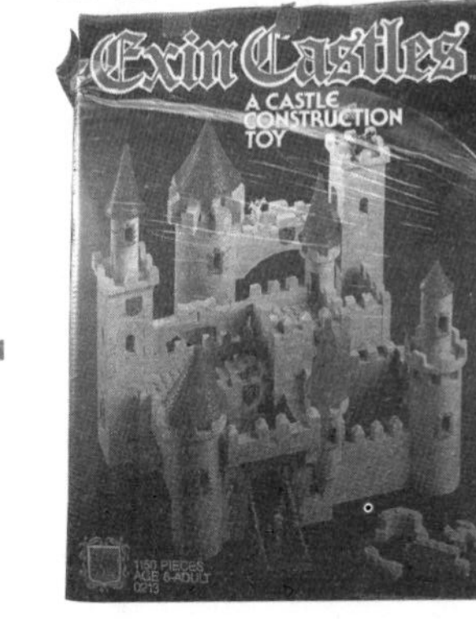

d ☐

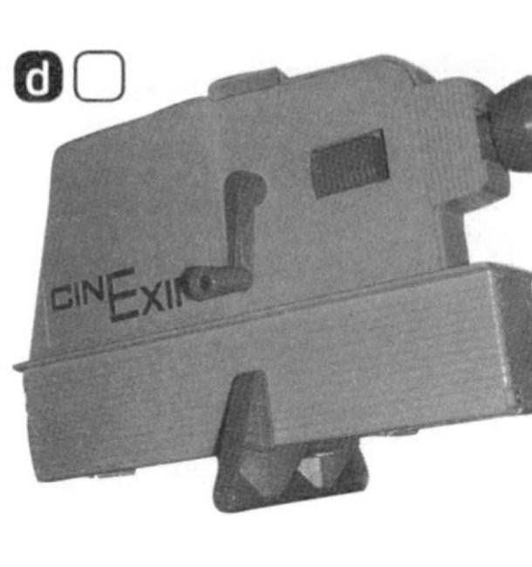

15 6.31. Escucha de nuevo y elige la opción que no es correcta.

1 Alejandro...
- a jugaba con su hermana.
- b jugaba en la ventana.
- c se inventaba historias de fantasía.

2 Carmen...
- a odiaba sus patines.
- b tenía unos patines con las botas blancas.
- c le encantaba patinar.

3 Toni...
- a cuando era pequeño quería ser director de cine.
- b jugaba en la cama.
- c tenía un juego con música.

4 David...
- a cree que los videojuegos de antes eran más divertidos.
- b se lo pasaba tan bien como ahora.
- c solo tenía un videojuego.

Expresión e interacción escritas

6.32. Mira esta foto antigua y escribe una descripción siguiendo estas instrucciones.

a ¿Quiénes eran estas personas?

....

b ¿Dónde estaban?

....

c ¿Qué relación tenían?

....

d ¿Cómo iban vestidos?

....

e Describe la posición en la que estaba cada uno.

....

Expresión e interacción orales

6.33. Habla con tu compañero/a y opina sobre estos temas.

el fútbol

la comida

la música

los viajes

NOTAS